Frères jusqu'au dernier souffle

Damien et Nicolas Delmer

Frères jusqu'au dernier souffle

XO ÉDITIONS

ISBN : 978-2-84563-671-2

À maman, notre soleil éternel,
Alexandra, Natie et Lizette,
nos deux infirmières à domicile.

À Monique, Marie-Thérèse et Phèdre,
nos aides à domicile.

Article paru dans *L'Express* en juin 2013

Il y a d'abord cette voix d'enfant, fluette, arrachée à un corps de trente-neuf kilos. « Je n'en peux plus. » Il y a ces mots, aigus, réfléchis, qui se précipitent et appellent la mort, comme une délivrance. Et il y a cette pluie qui n'en finit plus de tomber derrière la baie vitrée. Damien Delmer a tant de choses, urgentes, à dire. À trente-quatre ans, il sait ce qu'on ne sait pas, à son âge. La fulgurance de la vie. La morsure incessante de la douleur : « Je suis malade depuis que je suis né. » Une mucoviscidose, la même que celle de son frère jumeau, Nicolas. Une maladie en miroir, incurable, fusionnelle, qu'ils vivent tous les deux à l'autre bout de la France, au pied des Pyrénées, dans la ville d'Amélie-les-Bains.

Ce matin, le soleil chauffe les murs roses du petit pavillon. C'est ici, au milieu d'un nouveau lotissement à l'écart du centre. Une rivière couleuvre dans la verdure. Un chat promène nonchalamment sa petite vie sur le perron. Originaires de la région parisienne, Damien et Nicolas sont venus chercher la douceur du climat, il y a deux ans. La mucoviscidose ne supporte pas le froid, l'humidité, le tabac. Elle mange l'air des poumons en épaississant leur mucus, entraîne des infections respiratoires à répétition. L'âge moyen de décès : vingt-quatre ans.

Damien ouvre la baie vitrée. Ses grands yeux fatigués sourient. Il glisse sur le sol avec peine, s'excuse doucement, en se rasseyant : « J'ai un peu de mal, ce matin. » Il est midi. Il s'est déjà recouché deux fois. Ce sera la même chose cet après-midi. « Je ne vis plus qu'allongé. » Parcouru de sueurs froides, depuis quatre mois. Il tremble dans son lit, sur les angles de son corps trop maigre, cherche l'air, souffle « comme un petit chien », sans savoir pourquoi. Sous une table du salon, des piles de médicaments. Pour lui et Nicolas. Parfois jusqu'à trente par jour. Sans parler de la kinésithérapie, deux heures au quotidien, ces séances de toux forcée pour expulser le mucus qui les laissent chaque fois KO. De sa chambre tapissée de photos de fleurs, Damien regarde le ciel : « Chacun sait le degré de souffrance qu'il peut endurer. Pour moi, il est dépassé depuis longtemps.» Nicolas, lui, va mieux. Il tient tête à la maladie, stabilisée, s'est mis à la flûte traversière, au milieu des traitements. Et au kickboxing, après avoir conquis la ceinture noire de karaté. Au club de boxe d'Amélie-les-Bains, il surmonte ses épuisements d'un sourire, et épate son professeur, qui parle d'un exemple. Quand il rentre, il voit les marques sur le visage de Damien, son double. Tous les jours, il pense à la mort, «dans [son] coin». Et il vit pour deux.

Il y a deux ans, Damien a écrit une supplique à François Hollande, à peine élu. Il lui a rappelé son engagement n° 21: «Je proposerai que toute personne majeure en phase avancée ou terminale d'une maladie incurable», en état de «souffrance physique ou psychique insupportable, et qui ne peut être apaisée, puisse demander, dans des conditions précises et strictes», une «assistance médicalisée pour terminer sa vie dans la dignité». Le chef de cabinet a répondu poliment: la loi Leonetti de 2005 constitue une «avancée certaine», mais «il est malheureusement des situations dramatiques auxquelles ce texte ne répond pas». Il autorise, seulement, le «laisser-mourir»: l'arrêt des traitements, la sédation et la morphine, dont on sait qu'elle crée, à terme, une dépression respiratoire, même si le malade n'en est plus conscient. Damien a «la terreur de mourir étouffé». «Quand les opposants à l'euthanasie comprendront-ils qu'un patient rongé de douleur, dans un stress intenable, veut juste avoir le choix de sa propre délivrance, d'une mort douce?» Décider. Être apaisé. A-t-il pensé au suicide? «Je ne veux et je ne suis pas capable de m'infliger une souffrance supplémentaire.» Damien ne peut même plus pleurer. Les larmes l'épuisent. D'autres choisissent le suicide assisté en Suisse. Il n'est pas transportable. Et il ne veut pas aller mourir dans un autre pays, «comme un voleur». À défaut de guérir, Damien rêve juste d'un passage comme on pousserait, abandonné, la grille d'un jardin de lumière. Une paix massive, chez lui, avec ses chats, dans ses rêves et ses réminiscences d'enfant où lui parle sa maman, emportée par un AVC en 2007.

Le papa, retraité, vit dans le Pas-de-Calais. Il y a ses appels, ceux de la famille, toute cette chaleur autour, des amis, aussi, comme Ylian et Patrick, venus vivre avec eux, pour les soutenir. Et puis l'aide des anonymes à travers le site qu'ils ont créé[1]*. Ils vivent de l'allocation adulte handicapé, 950 euros par mois, et toutes les thérapies ne sont pas remboursées.*

1. www.terredesoleils.org

Frères jusqu'au dernier souffle

Damien et Nicolas. Deux frères indissociables, qui ont passé un pacte d'amour, d'entraide mutuelle, « Si les choses se compliquaient… »

Delphine Saubaber

Quelques mois après la publication de cet article, Damien et Nicolas ont décidé de témoigner dans un livre. Plus qu'une autobiographie, ils ont souhaité raconter leur combat au travers d'un récit à deux voix, fait de séquences brèves, de flashs, d'impressions fragmentées. Un dialogue intime qui dit leurs souffrances au quotidien mais aussi cette force d'espérance qui les fait tenir debout et profiter pleinement des instants de bonheur que la maladie leur concède encore. À travers ces pages, Damien et Nicolas voudraient que le pacte qu'ils ont passé entre eux – aider l'autre à mourir quand sa vie sera devenue insupportable – soit compris comme un hymne à l'amour et à la fraternité. Un hymne à la vie.

CHAPITRE 1
Fusion

Et si la santé de mon frère se dégrade encore ?
Et si cela devient insupportable pour lui ?
Et s'il me demande de l'aider à mourir ?

Damien

Entre nous, depuis longtemps, tout a été formulé, réfléchi, compris. La question ne se dit pas à voix haute. Elle est en nous, comme une obsession. Et finit par déteindre sur la trame des jours. Nous avons trente-cinq ans, nous ne nous sommes pratiquement jamais quittés depuis l'enfance, jumeaux fusionnels liés à la vie à la mort par une maladie qui nous ronge. Dans notre maison d'Amélie-les-Bains, en pays catalan, au pied du mont Canigou, un calme étonnant domine malgré les contraintes de notre quotidien. Ylian, notre colocataire, et Patrick, ami de longue date, nous aident à tenir. Ils vont chercher nos médicaments, préparent les repas, organisent les rares activités que nos corps amaigris nous autorisent. Ce sont deux êtres merveilleux, dévoués, délicats, sensibles, qui nous apportent espoir et énergie. Il y a aussi nos chats : Cerise, qui a surgi un matin sur la terrasse et s'est laissée adopter à sa façon, un peu sauvage, Micha et Copain, les frères de portée, Minette ; quatre boules de tendresse qui nous apaisent et nous réconfortent par leur seule présence. À la maison, pour éviter les courants d'air, les baies vitrées sont généralement fermées. Dès que la température monte, on baisse les persiennes. Pour Nicolas et moi, les grosses chaleurs sont tout aussi néfastes que le froid ou l'humidité. C'est pour cela que nous avons quitté la région parisienne, la famille, les amis, les médecins, les cours de sport ou de musique. Non par goût de l'aventure ou de la nouveauté mais pour fuir un environnement qui devenait délétère, la pollution, une maison rongée d'humidité… Ici, nous avons l'impression de vivre dans un espace sain où la parole de chacun porte loin et profond. Peut-être que se familiariser avec la mort rend le superflu et les gesticulations plus inutiles. Les sentiments, les pensées, chaque acte est pesé, choisi, sauf si la douleur prend le pas et bouscule tout. Les rires sont devenus plus rares. La simple légèreté demande une volonté consciente parce qu'il n'est pas question de se laisser aller. Comment cultiver cette légèreté quand il faut se concentrer sur une séance de kiné, endurer une énième perfusion, enrayer un vertige, affronter l'épuisement ? C'est presque impossible.

Désespérer, pourtant, ce serait déjà un peu mourir.

Nicolas

Ces derniers mois, la santé de Damien s'est encore détériorée. Chaque fois que le Samu l'emporte en urgence, je suis pris de tremblements. Lors de sa dernière hospitalisation, Damien a repris presque trois kilos qu'il s'efforce de conserver depuis son retour à la maison. En se maintenant à trente-neuf kilos, il peut remarcher une demi-heure par jour. Quand la météo est assez bonne – pas de vent, température chaude sans être caniculaire –, il en profite pour faire ses mouvements de tai-chi sur la terrasse, sinon il se contente du salon. Ces exercices lui permettent d'entretenir un minimum de souplesse et de mobilité. Relié à son pied à perfusion, il ouvre les bras, cherche son équilibre, lève une jambe, pivote. La discipline le tient en équilibre sur un fil ténu. Respirer. Continuer.

Damien

Nous sommes tout l'un pour l'autre – modèle, soutien, tendresse, miroir, âme sœur – mais ce lien peut se rompre à tout moment. Il faut imaginer ce qu'est d'être réuni dans la vie et la mort comme nous le sommes. Nous avons tout enduré ensemble, l'espoir et la déception, et notre gémellité offre un effet miroir vertigineux. Le paradoxe est là, sidérant, qui témoigne de notre amour mutuel : chacun de notre côté, nous nous battons pour vivre et aussi pour que « l'aide à mourir » devienne un choix légal, afin d'anticiper et d'alléger le poids de nos souffrances au cas où celles-ci deviendraient intenables. Ensemble, nous avons passé un pacte. Au cas où…

Cela peut sembler une bien étrange politesse, comprendre l'envie d'en finir du frère et l'aimer au point d'envisager de l'aider à mourir.

CHAPITRE 2

Une enfance en sursis

Damien et Nicolas sont nés le 10 novembre 1979, à la clinique du Plessis-Bouchard, dans le Val-d'Oise. Myriam, leur mère, met au monde deux poupons de deux kilos sept. Cette naissance sonne le glas de l'insouciance. Myriam a trente-neuf ans et quatre enfants déjà grands d'un premier mari qui lui a fait quitter son Algérie natale : Violaine, Jean-Marc, Patrick et Laurent. Elle a eu une vie contrastée et elle n'a peur de rien. Sa rencontre avec Hervé remonte à l'an passé. Lui est fonctionnaire des douanes, elle secrétaire médicale. Ils sont amoureux. Au fil des mois, son ventre s'est arrondi bien plus que de coutume. On lui a annoncé des jumeaux. Ce sont deux bébés magnifiques, et pourtant le bonheur tourne au cauchemar. Damien vomit tout ce qu'il avale et doit être transféré à Necker, l'hôpital des Enfants malades, où on l'opère d'urgence. Son intestin grêle bouché par une occlusion ne peut rien évacuer et ses poumons crépitent, de petits bruits secs typiques des dyspnées chroniques. Le diagnostic tombe. Mucoviscidose. Comme le pire ne suffit pas, en apprenant qu'il existe un frère jumeau, le chef de service demande un examen et confirme qu'il est lui aussi atteint. Il leur donne vingt ans à vivre. Au mieux.

Pour leurs parents, cette annonce est un ouragan dévastateur. Ils sont atteints d'un mal incurable et il faut pourtant continuer à vivre sans désespérer. Ils découvrent des chiffres, des histoires de gène, le hasard qui foudroie, les symptômes à redouter, les précautions qu'il faudra prendre. Et se faire à l'idée qu'ils enterreront leurs fils. En France, deux millions de personnes sont porteuses du gène de la mucoviscidose. Tant que le gène est en sommeil, tout va bien, mais quand deux porteurs se rencontrent, il a une chance sur quatre de s'exprimer. Deux cents enfants naissent chaque année atteints de la maladie, c'est le chiffre statistique de cette loterie morbide. Chez eux, il n'y a pas de petit chanceux. Il a suffi d'une rencontre, d'un amour. Leur père, fumeur invétéré, pose son dernier paquet de cigarettes. Il n'y touchera plus jamais. Myriam a beau se sentir anéantie, le choc forge déjà sa détermination: tant qu'elle veille sur ses garçons il n'arrivera rien de grave. D'ailleurs l'hospitalisation de son bébé ne lui laisse pas le choix. Il faut se battre et y croire.

Hervé,
le père de Damien et Nicolas

Les contes de fées n'existent pas. On avait tout pour être heureux, les enfants, Mimi et moi. L'entretien à Necker bouleverse notre vie. «Damien, votre fils, est atteint de mucoviscidose.» Nous n'avions jamais entendu ce mot. «On lui a fait le test de la sueur. Une technique simple. On emmaillote très fort le bébé pour le faire transpirer. Et on récupère la sueur pour l'analyser.» Nous restons les bras ballants. Mais le pire est à venir. «L'espérance de vie de cette maladie des poumons est de vingt ans. Grand maximum.» C'était comme ça, à l'époque. S'ensuit un cours de diététique pour limiter l'apport de graisses, l'obligation d'exercices de kiné pour expulser des matières des poumons. La famille défile dans la chambre protégée de Damien. Devant ce fatras de tuyaux, l'un de ses membres pousse un long soupir: «Eh ben, ce pauvre gosse ne va pas vivre bien longtemps…» À cet instant-là, très précis, je m'en souviendrai toujours, j'ai senti monter en moi quelque chose d'invisible, d'impalpable, comme une voix, qui me disait: «Damien vivra.» Comme une voix puissante qui se dirigeait vers lui et qui lui hurlait «Tu vivras, mon enfant.»

Deux mois plus tard, nous avons à nouveau rendez-vous à Necker. Nicolas, lui aussi, a la mucoviscidose. Lui non plus ne doit pas passer le cap des vingt ans.

Damien

Cinq ans

Tous les mois, maman nous embarque en Ford rouge pour la visite obligée à Necker. Quatre heures d'embouteillage aller-retour sur le périph et la journée perdue dans l'endroit que je déteste le plus au monde. J'ai du mal à supporter les réveils au petit matin, les trajets interminables et surtout la salle d'attente pleine de familles bruyantes et d'enfants pleurnichards. *Maman, quand est-ce que c'est notre tour?* Je n'arrête pas de l'embêter mais elle n'y peut rien. La fatigue me rend grognon, perméable aux angoisses qui suintent des murs, des gens qui font grise mine. Ça réveille le souvenir de vieux cauchemars. Je suis comme une éponge et j'absorbe tout, l'air de rien. L'hôpital, je connais bien. À la suite de complications d'une rougeole, on m'a hospitalisé d'urgence. Dans la chambre, alors que je suis dévoré par la fièvre, un homme en blouse affirme que je n'en ai plus pour longtemps. Il dit que Dieu va décider si je dois continuer à vivre. Je ne comprends pas trop les mots. Je remarque juste son visage en pierre et les yeux de maman brillants de larmes ou bien de colère, je ne suis pas sûr. Je sais juste que je vais mourir de ma rougeole. Je rentrerai dans le nuage de feu – parce que la mort, c'est ça – et tout sera fini. Peut-être que ça ne fera pas mal, pas plus que la fièvre. Je ne sais pas si je dors ou si je perds conscience, je me noie, je coule. Maman est revenue. Puis elle n'est plus là. Et je suis seul encore, perdu dans ma fièvre. Je sens que quelque chose a changé. Les infirmières me caressent le front. Elles me font boire et manger à la cuillère. La nuit aussi elles restent me veiller le temps que je m'endorme. Elles sont douces, patientes et leur gentillesse doit me donner des forces parce que la fièvre baisse. J'ai cinq ans et je viens d'apprendre une leçon que je n'oublierai plus jamais : la mort peut vous prendre la nuit quand vous êtes seul mais l'amour peut la chasser.

Le médecin décide que je dois rester quelques jours, le temps de guérir complètement. Je n'aime pas l'hôpital. Les odeurs chimiques qui écorchent le nez font penser aux piqûres. Et puis les murs craquelés de fissures, les bip-bip des machines, le grincement des chariots de l'infirmière pour les soins ou pour les repas, le claquement des portes qui s'ouvrent et se ferment, les éclats de voix au moment où on va t'endormir. Je suis petit mais j'ai déjà compris qu'il y a des malades bien plus atteints que moi. Je n'y réfléchis pas. C'est une compréhension sans parole. Sans raisonnement. Il suffit de voir les regards trop sages, les cernes mauves qui marquent les visages creusés de fatigue, la peau blanche des longs séjours. Des enfants branchés à des tuyaux traînent une bouteille en fer derrière eux. On m'a expliqué que c'est de l'air pour respirer mais ça me terrorise. Est-ce que, moi aussi, je devrai porter un masque la prochaine fois ? Et il y a celui qui parle d'une voix si faible qu'il faut s'approcher pour entendre. Son souffle est court. Haché. Je peux sentir l'effort qu'il fait en parlant. Sa détresse me traverse le corps. Je ressens tout, la maigreur, la peur, la douleur et la fièvre qui brûle. Ces enfants sont comme moi. Juste un peu plus malades. Même si on n'en parle jamais, je sais qu'ils ont peur derrière la porte fermée. Dans le service pneumo, à cause du risque d'infection, on a chacun sa chambre et on reste tout seul la nuit. Il faut être courageux parce que les infirmières ne viennent pas pour les cauchemars mais pour soigner, piquer, donner des médicaments ou te sauver la vie. Il n'y a rien d'autre à faire que d'attendre le matin. La nuit, c'est le pire. Pendant la journée, derrière la vitre, on peut toujours regarder le parking ou les pigeons qui volent.

À Necker, le chef pédiatre s'appelle le professeur Lenoir. Il nous soigne depuis notre naissance. Il me paraît plutôt vieux mais en réalité il doit avoir entre quarante-cinq et cinquante ans. C'est un homme d'une carrure imposante, toujours en retard et qui ne s'excuse jamais pour ça. Mais personne n'ose se plaindre. Pendant les consultations, il prend tout son temps. Il pose des questions, écoute, réfléchit. Son regard brille de chaleur derrière ses lunettes. Je l'aime bien, même si je déteste venir ici et que je préférerais qu'il soit à l'heure. Je crois que ça me rassure, un homme-montagne qui fait barrage à la maladie et qui demande toujours *Comment ça va, bonhomme ? Alors, dis-moi comment ça se passe !* Il paraît content de nous : la courbe de poids, la capacité respiratoire, les soins, les traitements qu'on applique. Maman l'écoute comme le bon

Dieu. Elle lui fait une confiance aveugle depuis qu'il m'a sauvé la vie.

Quand on sort de l'hôpital, la journée est fichue. Mon ventre est noué, mon corps aussi lourd que si j'avais avalé des pierres. Les jours suivants, je sens la crise venir, une crampe de feu me plie en deux. Ou bien c'est sur Nicolas que ça tombe. Peu importe, puisque quand le premier commence, l'autre suit. On dirait deux escargots recroquevillés de douleur sur la banquette arrière. Maman appuie sur l'accélérateur pour nous emmener chez le médecin de ville, le visage froncé d'inquiétude. La barre dans le ventre est peut-être liée à l'angoisse des visites ou à la maladie. Il n'y a rien à faire, sauf attendre que ces spasmes abdominaux passent, jusqu'à la fois suivante. Ça dure des heures et ça s'arrête d'un coup. À la minute près. Pour Nicolas et moi…

Nicolas

Neuf ans

Je n'ai pas le souvenir d'un jour où j'aurais appris ma maladie. Cela s'est fondu dans l'enfance avec les visites à l'hôpital et les recommandations de maman. *Tu es assez couvert?*

Mange encore, il faut finir ! Tu as fait ton aérosol ? Tu as bien dormi ? Va te sécher ! Son anxiété flotte dans la maison comme une odeur familière. Mais on s'est habitués. Et puis elle rit toujours. Elle rit et elle nous protège. Tant qu'elle est là, rien ne peut nous arriver. Papa est moins souvent à la maison alors que maman a arrêté de travailler pour s'occuper de nous. Les premières années, être malade n'a pas de signification vraiment horrible. J'ai trop de choses à découvrir. Si la peur vient, il suffit que je ferme les yeux en pensant à autre chose et ça passe. À l'école, pourtant, je commence à remarquer des différences. Mes copains ne vont jamais à l'hôpital. Ils ne sont pas obligés de faire de la kiné respiratoire comme nous.

Damien et moi, nous grandissons avec des mots compliqués qui nous semblent ordinaires. La maladie a son jargon, ses corvées. Pas moyen d'y couper : les prises de sang, les examens, les médicaments. Pousser, tousser, cracher, ventiler, il faut se montrer très discipliné pour contenir les infections. Les parents ont fini par nous dire les choses. Sans rien occulter. On sait que les « mucos » – c'est comme ça que les malades s'appellent entre eux dans les couloirs de Necker – ne vivent pas longtemps. Mais l'enfance nous protège. Et puis on s'habitue. La peur met du temps à s'apprendre. Cette connaissance vient lentement, quand on croise un malade à bout de souffle, ou qu'on entend que le garçon ou la fille qui venait aux consultations du professeur Lenoir n'a pas survécu. On la perçoit dans le chagrin de maman, dans son inquiétude, ses précautions. Pour l'instant, j'essaie de ne pas y penser. Je laisse passer le choc. Je ferme les yeux et j'efface tout.

Les soins m'ennuient. Chaque fois qu'on engage une partie de foot ou un jeu de cache-cache, c'est le moment de partir chez le kiné. Au début, on y va deux fois par semaine, si tout va bien. Ensuite, quatre fois par semaine. Et chaque jour en période d'inflammation. Le kiné nous demande d'inspirer par le ventre puis de pousser-expirer en exerçant une pression sur le thorax. Ça fait tousser et remonter un peu les glaires, et tousser encore. On s'étouffe, mais il n'y a pas moyen de cracher autrement. À la fin de la séance, je me sens aussi ramolli qu'un ballon percé. Les copains, eux, sont rentrés chez eux. On a raté le meilleur, tout ça parce qu'on est plus fragiles. La maladie, c'est d'abord ça : des corvées, des interdits et beaucoup de fatigue. Pas un jour sans que maman nous le rappelle :

- faire attention à se coucher tôt ;
- se couvrir à chaque sortie : gants, manteau, écharpe, cagoule ;
- éviter les risques et les flaques d'eau ;

- après la douche, se sécher entièrement et s'envelopper pire qu'une momie ;
- à table, finir son assiette et manger de la viande, des laitages, des légumes, des fruits, de la nourriture saine ;
- au goûter de l'école, alors que les autres ont des pains au chocolat ou du Nutella, se contenter d'un boudoir et d'un jus d'orange.

J'essaie de ne pas trop faire attention mais il m'arrive d'être frustré. En colère. Où que je me tourne, il y a toujours des limites. Tant pis. Entre deux crises, deux séances épuisantes pour libérer mes poumons, je ferai du sport et je serai champion. À la maison, on joue beaucoup. Au tennis, au ping-pong. On court les bois, on fait du vélo, du foot. Papa nous inscrit au judo. Damien préfère arrêter, ce n'est pas trop son truc. Moi, je continue, bien décidé à décrocher ma ceinture noire. À neuf ans, en compétition de cross pédestre, j'arrive neuvième sur cent cinquante, après un parcours en creux et en bosses. Je me bats. Je vis à plein mais, au fond, je me doute que ce ne sera jamais tout à fait pareil que les copains. La maladie nous isole de plus en plus. Et les séjours à l'hôpital se multiplient. Comme Damien, je hais cet endroit sinistre et gris. Je suis témoin de scènes impossibles à oublier. Je les reçois en plein cœur. J'ai beau faire, ça ne s'efface pas. Une petite fille qui s'étouffe dans les quintes de toux ou ce garçon étendu dans son lit qui ne bouge plus. Je viens d'être admis pour une infection quand je passe devant sa chambre. Il y a du monde qui s'agite autour de lui, la porte est restée ouverte à cause du va-et-vient. Il reste calme, trop. Il a l'air jeune et en même temps un peu mort. L'équipe médicale s'agite et crie. C'est mauvais signe. Je ne dois pas être tellement plus jeune que lui. Pourtant, je sais intuitivement que ça me concerne. Je pourrais être à sa place en train d'étouffer, rattrapé par la mucoviscidose. Aucune victoire ne sera suffisante pour tenir cette vacherie à distance. Ce jour-là, devant la chambre du gamin qui agonise, quelque chose se fige à l'intérieur de moi, se solidifie, caille comme un grumeau. La peur, peut-être, qui ne partira plus jamais. Parfois, dans les couloirs, je sens le froid pénétrer mes os. Ici, la mort rôde et elle peut vous coincer n'importe quand. N'importe où. Derrière les portes blanches qui s'ouvrent et se referment dans un chuintement d'air. Dans les salles d'opération où les malades étouffent. Dans le bureau d'un docteur qui vous assomme avec un diagnostic. Il n'y a pas de soleil, pas de ciel, pas de vent, juste des instruments de douleur, le souffle qui manque, le masque des infirmières. Je revois le garçon presque mort allongé sur son lit, le regard de ceux qui arrêtent de lutter, prisonniers de la fatalité, comme si tout ça n'était finalement pas si important, vivre ou s'abandonner en silence.

* *
*

Nos parents n'ont jamais cherché à nous cacher la réalité de la mort. Alors que j'ai onze ans, mon père m'emmène à la morgue faire des adieux à ma grand-mère défunte. Elle est étendue, toute rigide, vêtue en dimanche, le visage comme un masque. C'est une image plus choquante que violente. Je fixe la figure de mamie, on dirait de la cire. Ça n'est pas si terrible, juste inhabituel, presque faux, en tout cas ça ne ressemble pas à la mort des mucos. Je crois que c'est pour ça que mon père a voulu que je vienne. Pour apprivoiser l'idée que tout a une fin. Mais ça, je le savais déjà.

Hervé, père de Damien et Nicolas

En terminant neuvième de son cross pédestre, à travers la forêt de Valmondois, Nicolas était fou de joie. Gonflé de fierté. Je l'emmenais à des compétitions de judo où il faisait une moisson de médailles. Nicolas était heureux. Il était tellement fier. Et moi aussi, pas tellement pour la performance, mais parce que j'entretenais l'espoir, secret, fou, qu'il était possible de guérir de ce mal invisible. Sans cette maladie, Nicolas aurait pu faire une carrière de grand sportif. Damien était plus réservé que Nicolas, un peu plus replié sur lui. Il était physiquement plus touché, ce qui l'empêchait de s'extérioriser comme son frère.

* *
*

Notre petit paradis

Damien

La maison de Parmain, au bord de l'Oise, c'est le refuge où rien de grave ne peut nous arriver. Les parents veillent à ce qu'on ait une enfance aussi normale que possible. Nicolas et moi, on partage une chambre qui donne sur le jardin et la rivière dont nous sépare une route. Nos grands frères et notre sœur viennent souvent en visite, nos cousins aussi. Violaine fabrique des marionnettes, avec de la laine qu'elle tricote elle-même ainsi que du coton, et nous joue des spectacles. Un émerveillement ! On hérite aussi des caisses de Lego de nos frères et on passe des après-midis à construire des bateaux, des vaisseaux spatiaux, des villes futuristes. Parmain, notre petit paradis…

Nicolas

Au bout du jardin, les canards et les cygnes s'ébattent sans se soucier de rien. Le matin, les scintillements de l'eau dessinent des reflets sur les murs de la chambre. La campagne s'étale partout. L'été, il y a les champs de maïs où on peut s'imaginer perdu, les chemins qui jalonnent les bois qu'on sillonne à vélo, flanqués du chien Momo. Laurent, le seul de nos frères à vivre encore chez les parents, nous promène sur sa mobylette. Rien ne me fait peur, surtout pas la vitesse. Au contraire. C'est une façon de prendre ma revanche sur la maladie. Lorsque je vais bien, je m'élance à rollers, sans casque ni protection, sur les rampes et les tremplins bricolés. Je me laisse aussi tirer à scooter à toute blinde. Avec Haroun, mon cousin, on part explorer les maisons désertées en rêvant de découvrir un trésor, la peur au ventre à l'idée d'être surpris. Je pourrais tomber, me fracasser les os, la tête (les mucos ont le squelette fragile), mourir en casse-cou plutôt que dans un lit, je n'y pense pas. J'ai appris à chuter au judo et je veux m'amuser sans calculer. J'en ai ma claque des consignes, me moucher, me couvrir, faire attention, manger ci plutôt que ça, je fonce tout droit, à l'extrême limite. Dans la griserie de l'adrénaline, j'oublie que tout pourrait s'arrêter un jour. Dans ces moments, j'aime la vie et j'ai confiance. Assez pour effacer la maladie et les pleurs des mômes de la salle d'attente.

CHAPITRE 3
Dégradation

Nicolas

Treize ans

Pour les vacances d'été, je suis invité par un copain de classe dans le Jura. Sa mère a loué un appartement. Le séjour promet d'être génial. Je suis dans la salle de bains quand je sens mes poumons se bloquer lentement, sans que je puisse rien faire. Deux poings serrés. À demi-asphyxié, je tente la respiration du petit chien mais c'est à peine si je parviens à aspirer un filet d'air. Avec ce qu'il me reste de souffle, j'appelle au secours. La mère de mon copain, paniquée par mon état, téléphone à la maison. Maman lui demande de se mettre directement en relation avec Lenoir, notre médecin. L'épreuve me secoue salement. J'ai été souvent malade, hospitalisé, j'ai mille fois imaginé ce que serait l'avenir, mais aujourd'hui que la menace devient réelle, je ressens une perte. Quelque chose d'irrécupérable.

La dégradation a commencé. Staphylocoque doré. Subitement, je me rends compte combien le chemin qui reste sera terrible. Ce n'est plus une appréhension du futur. C'est là, tellement proche que je peux presque me sentir mourir. Les médecins ont raison : un jour, tout s'arrêtera. Je me traîne comme un vieillard et je dois reprendre mon souffle tous les dix mètres. Mes vacances sont foutues. Retour à la maison pour traitements antibiotiques par voie orale et aérosols. Plus tard, je me retrouve à Necker. Là-bas, la colère me retourne les tripes. Ma mère accuse le coup de me voir aussi mal et révolté. Je sais qu'elle s'en veut de ne pas pouvoir me sauver. J'aimerais la rassurer car ce n'est la faute de personne. N'empêche : j'éprouve un sentiment d'abandon terrible. Les antibiotiques sont tellement corrosifs que les infirmières changent de veine tous les quatre jours. Le médicament me brûle, une coulée de lave qui suit le chemin du sang. La brûlure est si intense que je ne peux pas m'empêcher d'en chialer. Un caillot de sang se forme régulièrement dans la perfusion et la bouche. L'infirmière doit appuyer très fort sur la seringue pour que ça se débouche d'un coup. Quand ça se débloque, ça fait l'effet d'un coup de feu dans la veine… La hantise d'avoir mal me tourmente désormais jour et nuit. Elle empire avant chaque traitement. Je me souviens de mes premières larmes, quand j'étais môme, pour de simples prises de sang. Comme je sanglotais à en avoir le souffle coupé. Et pourtant, ce n'était rien, une égratignure à côté de ce supplice. Et puis je n'ai plus la faculté d'effacer les cauchemars rien qu'en fermant les yeux ou en pensant à autre chose. Je ne veux plus de ça : cette douleur, les vapeurs d'éther, la gravité de ma mère, la peur sur le visage de mon frère que je ressens en moi. Les idées noires.

Damien

Quatorze ans

Debout devant moi, dans ma chambre de l'hôpital Necker, le type s'est exprimé sur le ton de l'évidence :

— Quinze ans, c'est l'âge où beaucoup se dégradent dans cette maladie, c'est ce qu'on a observé chez les jeunes touchés par la mucoviscidose.

Quinze ans, c'est dans moins d'une année. Mon cerveau assimile la sentence. Comme frappé par la foudre. L'homme qui parle n'est pas médecin mais il fait partie du personnel soignant. Je ne vois pas pourquoi il mentirait. Il n'a rien contre moi. Il n'a pas voulu être cruel, ou alors inconsciemment. Encore pire, il assène ses vérités avec la sensibilité d'un marteau-piqueur sauf qu'il me tue un peu. À coups de statistiques. La boule d'angoisse qui m'oppresse depuis ce matin grossit encore. Je ne sais pas ce qui m'a pris de lui confier mes inquiétudes. Cela fait quelques mois que tout se bouscule dans ma tête, les drames humains, la fulgurance de la vie, ma fin prochaine. Quand ? *Bientôt, quand tu auras fini de te dégrader*. Je n'avais qu'à pas demander… Du haut de mon mètre soixante, je fixe ce type qui vient de me condamner en paroles. Il me paraît aussi haut qu'un géant. Qu'est-ce que je lui ai fait ? Je ne suis pas idiot. Je sais que la maladie est dégénérative. Mais pourquoi est-ce qu'il se croit obligé de me balancer ça ?

Je n'ai pas vu le chef de service aujourd'hui. De toute façon, avec Lenoir aussi quelque chose a changé. Lui ou moi, je ne sais pas trop. Il ne m'écoute plus aussi bien qu'avant. Les ados, c'est moins docile que les mômes. Mes états d'âme n'ont guère d'importance tant qu'ils ne débordent pas pendant les consultations. Mes parents continuent à suivre à la lettre ses recommandations. En grandissant, j'ai l'impression que le bon docteur ne me voit pas en entier. Plutôt en pièces détachées. Il veut traiter les symptômes et ne fonctionne qu'à la chimie, aux choses démontrées, cachets, antibios, aérosols et hospitalisation quand ça chauffe. Moi, ça ne me suffit plus. J'ai envie d'autre chose. Qu'on me parle d'espoir, de nouveaux traitements. Je veux savoir ce qui m'attend. Comment ça se passera au moment de mourir. Est-ce que je serai obligé de finir à l'hôpital ? Mais Lenoir me traite comme un gamin malade. À la fois trop jeune pour être pris au sérieux mais bien assez vieux pour se dégrader. Plus ça va, plus Necker fait penser à une cité-usine quadrillée de blocs lugubres où on traite les gens comme des lots ou des séries. Il y a beaucoup trop de malades à soigner, de traitements à décider et pas assez de temps pour nous écouter un par un, avec nos histoires uniques. C'est ici, entre ces murs, que j'ai compris ce qui m'attendait : infections, soins, dégradation, traitements lourds, surinfections, traitements encore plus lourds, étouffement, mort. C'est ici qu'on estime les années qui me restent. Pas beaucoup à en croire le staff.

J'ai quatorze ans et je vais mourir d'une maladie incurable. J'ai envie de mordre la vie à pleines dents, de respirer à pleins poumons et on m'enterre avant l'heure. Bien sûr, la fréquentation des hôpitaux m'a fait mûrir. Je connais des termes compliqués. Je me débrouille avec les thérapies et j'ai vu des choses que la plupart des gens ignorent: ces regards ternis par la fatigue, les gamins qui hurlent parce qu'ils n'en peuvent plus de souffrir. J'ai appris à être patient et endurant au mal. Je suis bien obligé si je veux continuer à me battre. Pourtant, à force de surprendre ces petits bouts de phrases ou les explications « pour mon bien », j'ai fini par intégrer ces visions morbides, celles des autres, pas les miennes. Je vais mourir jeune. Bientôt.

De retour à la maison, la tête me lancine. *Quinze ans, c'est l'âge où…* Je me sens infecté. Contaminé. Combien de fois mon corps prendra au mot les prédictions des médecins, des infirmières ? *C'est une maladie incurable, il faut t'y préparer*; *Tu sais, la moyenne de vie n'est pas longue*; *Les patients adultes sont rares*. Des paroles distraites et mal pesées. Comme si on dressait ma potence. Tronçon après tronçon. Un jour, Nicolas a surpris maman au téléphone qui murmurait qu'on ne dépasserait pas les dix-sept ans. C'est la première fois qu'il l'entendait de sa bouche, sa voix triste chuchotant *dix-sept ans*.

On aurait dit que tout s'éteignait soudain. J'essaie de calculer le nombre d'années qui me restent mais c'est tout bonnement impossible. Comment ça se passe, à la fin ? Est-ce que ça fait mal de mourir étouffé ? J'ai beau avoir réfléchi à un tas de sujets philosophiques et me montrer précoce pour mon âge, je n'ai aucun filtre. Ma conscience vierge imprime tout. Comme du papier buvard. J'écoute. J'enregistre. *Tu vas mourir, obligé.* Je me programme mentalement. Lentement.

Je passe une nuit infernale, la poitrine déchirée par les quintes de toux. Harassé d'angoisse. Au petit matin, quand j'émerge, j'ai l'impression d'avoir été attrapé dans les filets de la mucoviscidose. Quelque chose s'est enclenché. Un processus sans retour. Et il n'y a pas de ticket de sortie. *Quinze ans, c'est l'âge où…* Quand tous les gamins s'imaginent pompiers, Superman ou tapent dans un ballon pour devenir footballeur, moi je n'ai pas d'autre perspective qu'un trou au cimetière. J'ai à peine commencé à vivre que je dois déjà mourir. Un jour, bientôt, tout deviendra pénible. Courir, faire du vélo, nager. Je ne monterai plus un escalier sans m'essouffler. La moindre activité sera une montagne à gravir.

J'essaie de faire le vide. Mais impossible, la toux ne me laisse pas tranquille et mes pensées bourdonnent comme un essaim d'abeilles. Je garde les paupières fermées en me concentrant. Il faut dormir, dormir... Les quintes se succèdent, impérieuses, et font voler en éclats ce calme forcé. L'angoisse arrive d'un coup. Si terrible qu'elle me coupe le peu de souffle qui me reste. Je m'accroupis dans l'espoir de débloquer ma respiration. J'ai l'impression que mes poumons ont diminué de moitié. Ça n'a jamais été aussi violent. Les quintes reviennent à intervalles de plus en plus rapprochés, déchirantes. Avec les ténèbres, tout paraît s'aggraver et je reste impuissant, traversé par les vagues de peur et de douleur. C'est donc ça étouffer ! Les heures passent, je ne sais pas combien. C'est à la fois très long et invariable, comme si le temps cessait d'exister pour laisser place à un présent éternel. Le seul changement notable, c'est le rétrécissement de mes bronches, l'oppression, la douleur qui cogne. Jamais encore je n'avais ressenti ça, l'impression extrême, intenable, de l'asphyxie.

Trois heures du matin. J'ai consulté ma montre dans un sursaut de lucidité. Je lutte depuis mille ans. Exténué de fatigue. Une sorte de colère me vient. Révolte à l'idée de subir ça encore, de le supporter le reste de mon existence, pour finir par crever comme un poisson hors de l'eau. Et si c'était la réponse à mes interrogations ? Je voulais savoir comment j'allais mourir. Cette nuit, il n'y a plus rien d'abstrait. Ce n'est pas un discours ou une idée, c'est pour de vrai, dans ma chair, mes poumons. Une sensation affreuse de manquer d'air, la vie qui s'échappe, comme si la toux et l'épuisement étaient en train de me vider de mes forces, goutte après goutte. Je finis par m'endormir sans même m'en apercevoir. La sonnerie du réveil m'arrache à un sommeil épais. Je mets un moment avant de me souvenir de la nuit. Sous la lumière du jour, ça ressemble à un cauchemar.

Les jours suivants, j'éprouve une gêne constante des voies respiratoires. J'ai beau essayer de me persuader du contraire *(peut-être que c'est mon imagination ou alors c'est juste passager, un gros rhume…)*, je ne respire plus aussi facilement qu'avant. L'oppression est légère mais épuisante. Malgré tout, je m'obstine à évacuer mes six crachats quotidiens, je n'y arrive pas plus. Mes poumons semblent tenir le choc. Je crache dans l'espoir d'éviter l'inflammation. Pour faire mentir les médecins, les statistiques et la logique qui veut qu'un enfant puisse crever étouffé. Ces séances kiné sont épuisantes, lassantes, répétitives. Il me faut toute ma volonté pour m'y tenir coûte que coûte. Je m'encourage sans cesse : *Allez Damien, vas-y, après tu seras débarrassé… Prends ton temps, inspire-expire, évacue ta fatigue, ta rancœur pour nettoyer tes bronches… détends-toi, t'énerve pas, ça sera plus efficace si tu y crois… Allez, un dernier, c'est presque fini !* Je suis condamné à une discipline de fer.

*　*
*

J'ai quinze ans quand papa s'en va sur un coup de tête, après une grosse dispute. Il nous quitte et ne revient pas. Que se passe-t-il vraiment ? Est-ce que notre maladie joue un rôle ou bien c'est autre chose, une histoire d'adultes, comme ils disent pour avoir la paix ? Ce départ douloureux, je l'enfouis tout au fond de moi.

Hervé

Je suis parti et je ne suis jamais revenu. La plus grosse connerie de ma vie. Je ne me le pardonnerai jamais. Damien et Nicolas étaient en troisième. Mimi a continué à s'occuper d'eux, seule. Mes pensées vont quotidiennement vers eux. Je suis incapable de leur dire combien je les aime. J'ai toujours été quelqu'un de taiseux, enfermé dans mon mutisme. Dans la culpabilité, immense, aussi, d'avoir « fabriqué » des enfants malades.

Un parent veut une vie normale pour son enfant, un tapis d'or, une vie sans souffrance. Il veut les emmener loin, la tête dans les étoiles. Moi, je n'ai pas pu.

Damien

Seize ans

Le ton est sec, impératif, et déguise mal l'envie de me voir disparaître.

— Va voir un psy, Damien…

Je suis scotché. Jusqu'à cette minute, j'aimais bien ma prof d'anglais. Mais là, sa cote de popularité chute aussi vite que la température ambiante. Refus de dialoguer, d'écouter, même pas une parole réconfortante. Ça m'apprendra à demander de l'aide ! Cette année 1996, mon état s'est encore dégradé. Les soins m'épuisent, j'ai du mal à suivre le rythme. Je ne réclame pas qu'on me décroche la lune, juste qu'on me décharge un peu des devoirs. J'ai l'impression qu'elle vient de me crucifier. Là, en pleine classe. Comment peut-on être aussi inflexible ? Un psy ne me consolera pas de l'idée de mourir. Il faut que je veille à mon moral autant que sur ma condition physique. En septembre, je perds deux kilos. Et pourtant, je n'ai rien changé à mon régime alimentaire. Je flotte dans mon jean, dans un état d'épuisement permanent. Les séances de kiné respiratoire me demandent un effort inhabituel. Pendant mes footings, des problèmes d'essoufflement apparaissent. Je ne parviens plus à parcourir la distance habituelle. Je dois m'arrêter, reprendre ma respiration, marcher, repartir et m'arrêter encore, les jambes coupées. En quelques jours, ce sport que j'aimais tant vire à la corvée. Le plus dur, pourtant, n'est pas juste de devoir renoncer à courir mais d'admettre que le recul est irrattrapable. Je ne récupérerai pas mon souffle. Est-ce vraiment le début de la lente dégringolade ? Bientôt, marcher deviendra difficile. Et puis ce sera la parole, et puis le souffle. J'entrevois la mort se faufiler derrière les ombres de ma jeunesse. On me l'a tant promise. Mais c'est seulement maintenant que je la ressens vraiment dans ma peau.

Nicolas

Seize ans

Le soir du 14 juillet 1996, alors que je me promène au bord de l'Oise avec mon cousin, je saute le pas en brisant le tabou ultime : je fume un joint. Il me propose d'essayer, sûrement pour que je ne meure pas idiot. Je suis conscient de faire une connerie. Enfumer mes poumons, ce n'est pas exactement l'idée du siècle, mais j'aurai dix-sept ans dans trois mois et je veux oublier d'être sage, raisonnable et docile. Je ne veux pas être le parfait malade premier de la classe. La fumée me tourne sérieusement la tête quand mon cousin se met à jouer du tam-tam, un tempo saccadé, caverneux, qui m'arrache du sol et me projette ailleurs, loin, dans une réalité inconnue mais étrangement palpable. Sans savoir comment, je me retrouve flottant au-dessus d'un champ jaune, comme pétrifié dans le scintillement du jour. Une lumière douce et paisible émane de partout. Seuls l'intensité de la lumière et le vol des papillons font vibrer l'espace : des centaines de petites ailes frémissantes qui tourbillonnent en silence. Ici, le mal n'existe pas. Il n'y a que la beauté de la terre et la paix absolue. Je prends conscience que de mon corps est en train d'émaner un amour profond en écho à l'amour qui se dégage de toute chose alentour. C'est incroyablement doux. Je comprends que ce que j'ai vécu depuis ma naissance était mal interprété. Je comprends que les hommes interprètent le monde sans voir ce qu'il est vraiment. Et même si mon corps physique m'endolorit jusqu'à l'âme, je l'aime.

La mort n'est qu'un passage vers ailleurs. Un autre monde. Une liberté possible. Ce savoir me remplit tout entier et guérit les vieilles blessures. À cet instant, mon âme, qui a l'aspect d'une vapeur, me quitte en se faufilant par le haut de mon crâne et s'envole accompagnée d'un papillon, vers une lumière éblouissante. Je comprends que je suis en train de mourir et que cette agonie n'est pas l'asphyxie promise. C'est une mort belle et libre, aussi libre que le vol du papillon. Une sensation immense et profonde m'envahit alors: celle d'un bien-être absolu. Je comprends qu'en définitive seul l'amour existe.

Je reviens à la réalité, encore étourdi par les vapeurs du joint. Mes yeux ouverts ne voient plus le champ jaune, mais l'Oise et la nuit tombante. Je suis totalement bouleversé. Je sais que ce que j'ai vécu, entrevu, n'a rien d'une projection. Ce n'est pas une question de croire ou de se réconforter, plutôt une évidence qui est en moi désormais. Elle ne me quittera plus. Elle s'effacera seulement au plus fort de la maladie. Quand la douleur me dépouillera de tout.

CHAPITRE 4

Jeunesse asphyxiée

Nicolas

Dix-huit ans

Parfois j'ai des mots durs. Je juge trop vite et mes idées sont radicales. Je suis en rage contre cette société qui préfère avaler les bobards plutôt que de se battre pour un monde juste. Nos frères aînés nous ont initiés très tôt en nous racontant les révolutions, la destruction de la nature ou les inégalités sociales. À seize ou dix-sept ans, ce sont des choses qui te rentrent dans le cœur et que tu gardes toujours. Mais sans doute qu'inconsciemment je perçois déjà qu'il ne s'agit pas seulement de rebâtir la société, là, dehors, mais de refaire le monde en soi. Mettre en lumière la souffrance et trouver un moyen de guérir ou d'apaiser. Trouver une explication qui m'aidera à être heureux.

C'est décidé, je suivrai les traces de Patrick, mon frère, qui travaille à sa thèse en psycho. Je veux comprendre l'inexplicable. À défaut d'avoir la maîtrise de mes cellules, j'aimerais discipliner mon esprit avant d'affronter les épreuves à venir. Ne pas anticiper. Ne pas désespérer. Mettre du sens là où tout semble insensé, cruel, injuste. Je cherche des réponses fortes et je sais que la psychanalyse m'en donnera. Et puis je rêve d'exercer un métier où je serai utile, de transmettre combien la vie est précieuse. Je veux aider, écouter, saisir ce qui peut animer l'esprit humain. Percer ses secrets. Cela m'est venu à force de fréquenter les hôpitaux, de voir les gens endurer le pire et être heureux, parfois, ou, au contraire, se laisser mourir, accablé ou résigné. Qu'est-ce qui réveille nos capacités ? Quel est le poids des mots, l'effet de la volonté sur la maladie ? Qu'est-ce qui rend un homme faible ou, à l'inverse, qu'est-ce qui lui donne la capacité de tout dépasser ? Voilà à quoi je veux me consacrer, si la mucoviscidose me laisse le temps de vivre.

Je suis toujours accro au sport, même si j'ai dû revoir à la baisse mes ambitions de judoka.

J'ai pratiqué le skate, le roller acrobatique. J'ai combattu sur les tatamis pendant cinq ans, avec des adversaires en pleine santé. J'ai sollicité mes muscles et mon souffle en faisant fi des difficultés. J'ai skié sur les pistes noires. J'ai pris des cours de surf, à Lacanau, harnaché dans une combinaison de caoutchouc, sans jamais me laisser décourager par les obstacles ou par la peur de me vautrer. Une force me pousse en avant. Plus loin. J'aime l'idée de m'endurcir. J'aime l'effort qui mène à se dépasser. Pas seulement à cracher mes poumons. En repoussant mes limites, je peux sentir la frontière ténue qui sépare l'état de maladie de l'acuité de vivre. De toute façon, je risque en permanence d'être foudroyé en plein vol.

À dix-sept ans, brutalement, la dépression afflue et envahit tout. Elle dure un an. Un an obnubilé par l'angoisse que tout va s'arrêter, qu'un jour je n'existerai plus. Je suis à l'âge des possibles et ma seule perspective se réduit à un décompte morbide. Combien de temps ? Pendant que les autres s'apprêtent à fêter leur majorité je prends réellement conscience que je vais mourir. Jusqu'à présent, avec le sport, j'ai réussi à tenir cette idée en respect. Sauf pendant quelques heures de panique ou en cas de grande fatigue. Mais ça passait toujours. Comme j'étais insouciant… La peur détruit tout. Mes efforts. Ma ténacité. Ma confiance. Mes rêves de guérison.

Damien

Dix-neuf ans

Avec Nicolas, on a choisi l'université Paris-XIII Villetaneuse. Lui en psycho, moi en filière social-éducation. Mon incursion à la fac, pourtant, ne durera pas deux semaines. J'ai arrêté les frais en découvrant du sang dans mes crachats. Mon frère continue, aussi acharné que d'habitude. Fatigue et fumée de cigarette, ce sont les poisons qui ont eu raison de ma volonté. Dans les couloirs enfumés, paumé au milieu de ces étudiants qui semblent se foutre de tout, je me suis senti tellement mal et déplacé que j'ai déclaré forfait. Cette décision me coûte. Sûrement parce que je la trouve injuste. Et que je n'ai pas su me défendre.

Les premières semaines d'inactivité, je me laisse envahir par l'amertume. C'est la première fois que je me retrouve concrètement hors du circuit. Ni au chômage ni en année sabbatique, juste un pauvre gars qui n'a pas la force de devenir étudiant. Mais, après tout, je le sais, on me l'a suffisamment répété: ma vie sera courte. Je ne vois pas pourquoi je la gâcherais avec des options raisonnables ou un métier qui ne me convainc qu'à moitié. J'ai pris la filière social-éducation car j'aime tout ce qui touche à l'être humain, aux sciences humaines. Comme je déteste me tourner les pouces à la maison, j'opte pour une formation sur les bases méthodologiques des épreuves littéraires avec le Cned. Je voudrais me diriger vers un deug de lettres modernes par correspondance à Nanterre. Mais je laisse tout tomber car j'ai besoin du contact avec les autres, je ne supporte pas l'isolement.

En réalité, ce qui me plaît, c'est l'art. Créer. Écouter de la musique. Jouer du piano. Dessiner. En attendant, je me réfugie dans la pratique du tai-chi, au gymnase de Parmain. J'aime la patience et la rigueur qu'exige cet art martial, ce dépouillement qui rend l'écoulement des gestes aussi léger que celui d'une goutte d'eau. Dès les premières séances, je connais une jouissance nouvelle, profonde, le début d'une réconciliation avec moi-même. Cette gymnastique muscle l'esprit et le cœur. J'y trouve enfin ce qui me manquait dans le sport : une forme de méditation. La lenteur permet de travailler en profondeur l'équilibre. Sans m'épuiser. En dehors des cours, j'accorde désormais plus d'attention à mes gestes. Tout devient conscient et maîtrisé. J'apprends à respirer, le souffle régulier. J'en viens à considérer mon corps autrement que comme une carcasse martyrisée ou un jouet de la maladie. Quelques semaines seulement après les premiers cours, ma capacité respiratoire s'améliore. Mon souffle se fait moins haché, plus régulier. C'est tout mon métabolisme qui paraît changé. J'éprouve une sorte de renaissance. Désormais, mon corps se défend des agressions. On dirait qu'il a développé des capacités d'autorégulation. Je poursuis scrupuleusement mes séances de kiné respiratoire mais je n'ai plus besoin de prendre des antibiotiques. Cela fait combien d'années que ce n'est pas arrivé ? Plus d'aérosols non plus. Sans traitement offensif, mes intestins ne tardent pas à aller mieux. La flore intestinale se reconstitue et mon sommeil s'améliore. Tout s'inverse. Au lieu de me défaire, voilà que je reviens à un état d'équilibre. Je me réapproprie ce corps si malmené. Et je retrouve une intimité perdue.

* *
*

Ce matin, je me lève en pleine forme. L'esprit aussi léger que l'air. Le soleil scintille sur l'Oise au bout du jardin, le ciel est d'un bleu pur, une invitation à sortir. Après un copieux petit déjeuner, j'enfourche mon vélo. J'irai chercher du pain frais pour le déjeuner. Cela me fait un but de sortie. Sur la route déserte, alors que je pédale avec allégresse, je me sens libre, gonflé d'un bonheur inexplicable. À l'intersection, je passe bras levé pour signaler ma direction. Peut-être que je suis devenu invisible à force de flotter comme une bulle de savon. Je ne vois rien venir derrière le stop. Ridicule frontière qu'une seconde suffit à pulvériser. Je réfléchirai mille fois au comment du pourquoi. À refaire ce trajet, encore et encore. En changeant chaque fois un détail. À rêver que je n'ai jamais pris mon vélo ce matin-là. Que j'ai laissé passer la voiture derrière le stop au mépris de la priorité. Que je suis arrivé une minute plus tard, ou quelques secondes avant. Que la femme ne s'est pas réveillée ce matin. Qu'elle m'a vu au lieu de m'ignorer… en démarrant du stop, la voiture me percute et m'envoie bouler sur le trottoir. Un éclair transperce mon genou mais la terreur d'être blessé me relève d'un bond. Effroyable douleur. Je me palpe, à la recherche d'une plaie ouverte, submergé par le pressentiment que je viens de perdre une chose terriblement importante et que rien ne sera plus jamais pareil. Une femme a jailli du véhicule. Portable à la main. L'air affolé, paniquée et choquée comme moi.

Quinze ans plus tard, je peux encore ressentir la violence du choc. Pas seulement cette voiture qui me heurte mais tout ce qui a suivi. Une porte vient de se fermer. Ce chemin étroit où j'avais repris un espoir. Fracassé, comme mon genou. Je reste deux mois dans le plâtre et le supplice paraît durer l'éternité. Fini le mouvement, terminée la circulation d'énergie vitale où mon corps puisait sa force et mon esprit sa confiance. Je suis condamné à l'immobilité. Coincé dans cette coque. Incapable de me doucher, je me lave au gant de toilette. Je fais mes kinés, j'attends que le temps passe. La tension musculaire est permanente faute de pouvoir s'épuiser. Quelques jours plâtré suffisent à anéantir mes progrès. On m'injecte des anticoagulants (dans la jambe ou dans le ventre) et je recommence à ingurgiter des pilules alors que mon corps venait à peine de s'en nettoyer. Déjà, je sens le mal revenir. Cette fatigue insidieuse qui précède la lassitude de tout. Je ne trouve même plus la force de me mentir. Je souffre d'être assis. Je souffre d'être debout, perché sur une jambe. Je souffre sans arrêt mais finalement moins qu'à l'âme. Le cercle vicieux recommence, inflammations, douleurs intestinales, souffle entravé. Quand je ne suis pas occupé à souffrir, je rumine la scène en boucle. Ce stop. Ma main levée, le pare-chocs qui me cueille et me précipite sur le trottoir. Je voudrais remonter le temps. Changer le passé. Impossible.

Une nuit, la douleur survient. Incompréhensible. Une barre dans l'abdomen qui grossit et ne veut pas lâcher. Je me roule, m'assois, me recroqueville, me lève, me rallonge. Je vais boire, j'avale un calmant, rien n'y fait : la barre me broie l'intérieur du ventre jusqu'au plexus. Une autre nuit passe, tout aussi blanche et terrifiante que la première. Je suis hospitalisé pour des examens qui ne donnent rien. Le supplice durera une semaine avant de disparaître aussi brutalement qu'il est apparu. Ce n'est que bien plus tard, plusieurs années après, que je comprends cette manifestation psychosomatique : la douleur s'est exprimée par l'estomac, là où réside notre second cerveau, parce que je n'arrive pas à digérer ce dernier coup du sort.

À l'ouverture du plâtre, ma jambe est devenue un membre squelettique, presque difforme. Je mettrai des mois à reconquérir ma mobilité et encore davantage avant de reprendre les cours de tai-chi. Plus jamais, pourtant, je ne retrouverai la griserie et la perfection de ces mouvements déliés. Mon corps libéré de la pesanteur…

Nicolas

Pour me rendre à l'université Paris-XIII, à Villetaneuse, les trajets sont longs. Trois heures aller-retour en train et bus. Le prix à payer pour que mon rêve prenne forme. Je lis Bakounine, Kropotkine, Élisée Reclus. Je m'intéresse à l'écologie sociale et anarchiste. Mon bonheur serait complet s'il n'y avait pas cette maudite cigarette. Visiblement, la loi Évin tarde à passer ici. Dans les couloirs qui mènent aux amphis, un brouillard épais stagne en permanence. Même si les salles sont relativement préservées, les étudiants fument entre les cours devant les portes largement ouvertes. Mes poumons ne tardent pas à s'irriter et les séances de kiné s'imprègnent d'un arrière-goût de nicotine. J'aime les cours et je n'y renoncerai pas. Je m'accroche.

En deuxième année, le rythme devient nettement plus ardu. Ou alors c'est moi qui peine à l'endurer. Le travail, la fumée, les trajets, tout me met sous pression. Après mon deug, le point de non-retour est atteint. En persistant, je me mettrais en danger. Alors j'arrête tout. Deux ans passent avant que je trouve le courage de me réinscrire à l'université. Pendant cette période, j'ai bien tenté les cours par correspondance, mais la motivation me manque, le contact avec les autres, l'émulation. Cela n'a plus de sens d'étudier dans mon coin. Je veux sortir, rompre avec la solitude et les contraintes, rencontrer des gens de mon âge, rire et oublier la maladie. Un copain me conseille de passer ma licence à

Saint-Denis. La fac propose des horaires assez souples, adaptés aux salariés. Et puis mon grand frère y a fait ses études. Deux ans ont passé, plus de dix depuis la loi Évin et l'interdiction de fumer dans les lieux publics, je repars au combat. Parce que c'en est un. Une lutte sans fusil ni bannière.

Cette fois, je suis bien décidé à ne pas laisser la situation pourrir. Je demande la parole avant chacun de mes cours afin d'expliquer aux étudiants la mucoviscidose, ses effets, la gravité des infections. Ces deux ans aussi passés hors de la fac à cause des effets du tabagisme passif. Je fais appel à leur solidarité (sans parler de la loi, dont visiblement tout le monde se fiche), à leur bon sens, leur gentillesse, n'importe quoi du moment qu'ils écoutent. La réaction est unanime. Les étudiants s'éloignent pour allumer leurs cigarettes. Sans se rendre compte que la fumée ne coagule pas en l'air et revient invariablement dans les salles de classe. Quelques enseignants, les plus sensibilisés, arrêtent de fumer une semaine ou deux. Puis oublient. Me voilà rendu au problème d'origine. Je m'entête à plaider ma cause au coup par coup. Mais je sens bien que je dérange. Les crises de toux reprennent et gênent ma concentration. L'angoisse de tousser aussi. Pendant les pauses, je reste seul dans l'amphi au lieu de traîner dans les couloirs enfumés, à la marge d'un monde qui tourne trop vite. Je me sens exclu. En proie à un tas d'émotions contradictoires – honte de réclamer une attention particulière, rage d'être désarmé, un sentiment de solitude vertigineux. J'envie ces filles et ces garçons qui se fichent de bousiller leurs bronches. Leur désinvolture, pourtant, me sidère. Cent ou deux cents mètres à parcourir, une porte à pousser et ils seraient dehors. Ce sont de futurs psychologues et ils semblent n'avoir aucune idée de l'autre. Moi, en l'occurrence. Leur égoïsme me fait mal. Mon impuissance aussi. Je ne vais pas mener une révolution à moi tout seul. En licence, je recommence à cracher du sang au goût de nicotine. J'en ai ras le bol. Le silence poli, les explications que je ravale pour ne pas emmerder le monde, fini ! Je prends contact avec une association qui défend les droits des non-fumeurs. Mon témoignage scandalise. On me conseille d'écrire au président de l'université en passant par un huissier de justice. Aucune réponse, pas même un accusé de réception. Je suis l'étudiant invisible et aphone qui ne mérite aucune réaction. L'association m'incite à porter plainte et me propose son avocat. Je n'aurai rien à payer.

Pendant les dix-huit mois de la procédure, je vais y consacrer une bonne part de mon énergie. Ce qu'il me reste de force servira à tenir debout et à travailler le minimum pour ne pas foirer mon année. Je dois surtout éviter de me laisser envahir par le stress – un véritable poison dans notre pathologie. Mais j'ai beau faire, la révolte me fait bouillir le sang. Mon droit à étudier a été désavoué. Plus les semaines passent, plus je me sens humilié, doublement bafoué. À la fois comme homme et comme malade.

Au tribunal, le juge semble nettement plus favorable à la partie adverse. Le jugement qui finit par tomber confirme mes pires appréhensions. Le président de Saint-Denis est relaxé à cause d'un vice de forme. J'ai beau être écœuré par ce non-jugement, si j'ai perdu une bataille sur le plan juridique, tout a changé sur le terrain. À la fac, profs et étudiants s'abstiennent désormais de fumer. Au moins à l'intérieur. Au cours des derniers mois, on a vu fleurir les affiches d'une campagne anti-tabac menée par la médecine du travail. Le président a probablement pris peur. Surtout après le passage de l'huissier de justice. Malgré le camouflet juridique, je dois avouer que le changement est assez impressionnant. Disparu le brouillard nauséabond qui stagnait dans les couloirs. Plus d'étudiants, la cigarette fichée au coin de la bouche. Il aura fallu presque deux ans de lutte pour arriver à ce résultat et faire appliquer une loi déjà votée…

Il est parfois plus difficile de se protéger d'un toxique que d'un coup de froid. On rumine, on imagine des répliques définitives ou des stratégies implacables. Lentement, insidieusement, la maladie est en train de grignoter mon temps et mon espace. Elle s'insinue dans mes rapports avec les autres. Dans ma vision du monde. J'essaie de rester optimiste. Mais certains jours cela tient du mécanisme de survie.

Damien

Nicolas est en train de craquer. Je suis le seul à m'en apercevoir. Je sens sa nervosité. Comme s'il était branché sur un fil incandescent. Heureusement, il s'est résolu à entamer une cure d'antibiotiques en intraveineuse. Après plusieurs jours de soins à domicile, il accepte d'entrer à l'hôpital Cochin. Necker, Cochin, ces endroits se ressemblent tous. D'interminables couloirs aux murs blafards où stagnent des effluves écœurants.

Je pousse la porte de sa chambre. Son sourire me cueille, enjoué, étincelant d'amour. Il dissipe d'un seul coup la détresse de se retrouver ici, lui dans son lit, moi en visite. L'infirmière occupée à brancher son intraveineuse ouvre des yeux ronds devant notre ressemblance.

Est-elle capable de voir chez moi aussi la maladie en transparence ? Nicolas se tient assis, un peu voûté. Ses joues sont creuses. Il a maigri. Après la vague d'amour et de joie, je suis traversé par la colère. Pourquoi doit-il encore subir ça au lieu d'être dehors ? La chambre est exiguë, sommaire, avec un lit flanqué du fauteuil « visiteur proche » et à son pied une chaise supplémentaire. Une petite télé a été fixée au mur, en hauteur. J'aimerais le prendre dans mes bras et l'emmener loin d'ici. Ou bien extirper sa fatigue comme une tique. Au lieu de ça, je sors les petits plats cuisinés par notre mère. Il déteste les cantines d'hôpital. Après le départ de l'infirmière, il me raconte les potins qui courent : une femme de trente et un ans, à peine hospitalisée, vient d'apprendre qu'elle était atteinte de mucoviscidose. Elle aurait presque pu mourir sans savoir pourquoi. Un diagnostic aussi tardif est rarissime. La recrudescence des cancers du poumon inquiète le personnel. Le personnel aimerait des postes supplémentaires et du temps pour récupérer. Bref, la vie de tous les jours dans un service pneumo. En quittant la chambre, deux heures plus tard, les larmes me brouillent la vue. La seule idée de perdre mon frère me broie le cœur. Je ne veux pas qu'il meure. Jamais !

Nicolas

Lors d'une de mes hospitalisations, je reçois la visite d'Alexandra, une amie que j'ai connue à Parmain quand j'avais treize ans. Nous étions ensemble en classe de troisième. Comme nous, Alexandra a la mucoviscidose. Mais elle est plus gravement atteinte. Elle enchaîne les hospitalisations, à cause de son diabète et des surinfections.

Enfant, Alexandra est une jolie blonde, pleine de vie et d'énergie. Même si je l'aime bien, on ne se fréquente pas trop. Deux mucos ensemble doivent veiller à ne pas se refiler des bactéries, à cause de leur système immunitaire fragile. Et puis je n'aime pas beaucoup l'idée d'avoir des copains malades. Je suis déjà assez empoisonné par la mucoviscidose. Je n'ai pas envie qu'elle dévore toute ma vie. Voir Alexandra, c'est encore penser soins, précautions à prendre, souci à se faire. Et sentir mon cœur se serrer de pitié.

Alexandra est une enthousiaste. Pas le genre à se laisser abattre par la déprime ni le genre à se plaindre. Tout le temps le sourire, une battante. Au cours de ces années, j'apprends qu'on lui a posé une chambre implantable : une sorte de cathéter qu'on insère sous la peau afin de perfuser les antibiotiques plutôt que de piquer les veines. À l'époque, cela fait partie des pratiques désagréables que j'ai encore évitées. Elle ne perd pas le sourire et en parle facilement. Elle me rassure et me dit que cette chambre implantable a amélioré sa qualité de vie. On garde le contact. C'est elle surtout qui appelle. Elle demande des nouvelles, de moi, de mon frère, de ma famille. Je ne cherche pas spécialement à la revoir mais je suis content de savoir qu'elle va bien. Je culpabilise de ne pas me montrer toujours aussi gentil et généreux qu'elle. Je voudrais lui expliquer mon blocage à l'époque, les amis malades, ce n'était pas trop mon truc. J'ai vu trop de patients ou de connaissances partir. Chaque malade, par un effet miroir, me renvoyait mon état, une part de mon identité que je n'aimais pas : la souffrance inouïe, le fatalisme, le handicap, la mort, la différence d'avec les bien-portants. J'avais aussi peur de la transmission des germes : entre mucos, nous devons faire très attention.

Les années passent. Alexandra insiste parfois pour qu'on prenne un verre ensemble mais je préfère l'écouter que la voir de trop près. Je ne me sens jamais assez en forme ou vraiment prêt pour être beaucoup plus proche d'elle. Mais j'aime bien discuter au téléphone avec elle. Elle a cet esprit guerrier et rebelle que j'ai aussi, nous échangeons beaucoup et nous soutenons l'un l'autre dans nos épreuves. Elle déménage à l'Isle-Adam dans un studio et trouve un travail à mi-temps, au secrétariat d'une salle de sport. Elle continue la musculation, fait des projets. C'est une fan de sport, comme moi. Parfois, elle me confie ses coups de cafard. On se console en parlant de nos rêves de guérison. Elle a l'espoir fou de voir la recherche évoluer assez vite pour s'en sortir. Et puis je la croise à Cochin… Nous avons le même pneumologue. Alexandra est dans une chambre du service. En apprenant mon arrivée, elle vient toquer à ma porte. Elle va mal. Elle a le teint pâle et quelques taches laissées par les antibiotiques. Ce n'est plus la fille que j'ai connue. La nouvelle Alexandra est affaiblie, lasse. À mourir. Elle m'apprend que son corps n'accepte plus les médicaments. Elle vomit ses traitements, éprouve de grandes difficultés à se nourrir et n'arrive presque plus à faire de kiné à cause de l'affaiblissement général. Vu les circonstances, elle a demandé et obtenu d'être en liste d'attente pour une greffe. Son rêve va enfin se réaliser : respirer à nouveau, sentir l'air gonfler sa poitrine, marcher sur la plage avec des poumons sains. Dans un corps qui ne sera plus un carcan de douleurs.

« Marcher au bord de la mer, en paix et en toute liberté, tu imagines ? » Sa voix est fatiguée mais je sens l'espoir palpiter quand elle me raconte par le menu l'expérience d'amis malades qui ont été greffés. Elle me dit combien leur vie a changé, en mieux ! Elle est restée debout, dans le chambranle de la porte pour qu'on ne s'infecte pas, et semble contente de se confier. Elle m'explique qu'elle se prépare à faire une biopsie. À cause d'une saleté d'hémorragie pulmonaire, on a dû l'opérer mais l'intervention lui a bousillé les reins. En dépit des dégâts, elle veut survivre. Je suis impressionné par son courage. Quelques jours plus tard, on m'appelle d'en bas. C'est Alexandra. Elle est dans la cour, en train de prendre l'air. On échange quelques mots. Une discussion qui brise la routine de Cochin. C'est la dernière fois que je la vois.

J'apprends son décès quelques semaines plus tard. En lisant le journal de Parmain, à la notice nécrologique. Je ne la consulte jamais d'habitude. Son nom me saute aux yeux. Alexandra est morte fin novembre. L'onde de choc me traverse tout entier. L'incompréhension. Le désespoir. La colère. J'apprendrai les détails par la suite : son hospitalisation alors qu'elle attendait d'être greffée, la brusque aggravation de son état général, le coma artificiel où on l'a plongée pour la maintenir en vie. Elle reviendra de ce coma, replongera avant de mourir, en salle de réanimation. Plus que jamais je veux me battre pour les plus fragiles.

La mort d'Alexandra me ramène à celle du garçon qui chantait comme un ange. Je n'ai jamais croisé Grégory Lemarchal mais j'ai été profondément touché, émerveillé par la puissance et la profondeur de sa voix. Je sais ce qu'il lui a fallu de force pour réaliser ses rêves. Pour Damien et moi il incarne une forme d'espoir fou, et sa réussite devient un peu la nôtre, comme s'il rendait possibles les chimères pour peu qu'on y croie assez fort. Sa mort nous plonge dans un chagrin teinté de désespoir. J'ignorais qu'il était en attente de greffe, et la nouvelle me paraît foudroyante, injuste. Je me demande si le plus cruel n'est pas de sentir cet espoir infini, ce courage et ce goût de la vie qui se fracassent.

Quelques années plus tard, à la suite de l'article paru dans *L'Express*, la mère de Grégory nous a téléphoné. Damien et elle parlent de la greffe, de nos expériences, notre façon de combattre la maladie, notre vision des choses. L'échange est spontané, émotionnel, plein de respect et de compréhension. Sa parole juste et pleine d'amour touche le cœur de Damien. Comme une maman qui cherche à sauver la vie de son enfant.

Damien

Vingt et un ans

En septembre 2001, je décide de m'inscrire dans une école d'arts à Versailles. J'ai conscience que mon frère va me manquer. On est tellement proches que l'un ne fait jamais aucun projet sans l'approbation de l'autre. D'une certaine façon, cette décision est aussi la sienne puisqu'il est d'accord. Et puis on s'appellera tous les jours. Comme j'ai manqué la rentrée de quelques mois, je consacre le reste de l'année à me préparer. En autodidacte. Je ne me débrouille pas mal question dessin. Mais je ne suis pas convaincu d'avoir le niveau requis et si je dois rattraper un trop grand retard je risque de me trouver vite surchargé. Je m'achète des livres sur la technique picturale et l'histoire de l'art. Pastels, crayons, encre de Chine, fusain, acryliques, pendant des mois j'entraîne ma main, mon regard, je m'imprègne des œuvres des grands maîtres, leurs gestes, leurs pratiques, la vision qu'ils avaient du monde, de l'art, ou de la discipline de peindre. Je ne me suis pas senti aussi bien depuis longtemps. Je réussis finalement à me dégoter un studio de vingt-cinq mètres carrés au Perray-en-Yvelines, pas trop loin de Versailles. Je sais que maman va s'inquiéter un peu, elle est tellement mère poule. Mais cela ne nous fera pas de mal de nous éloigner. Je vais devoir gérer mon quotidien, les courses, la cuisine, les médicaments, les soins, mon sommeil, je n'aurai personne pour m'aider, me houspiller, me guider et me surveiller, mais j'avoue que j'étouffais ces derniers temps : j'ai besoin de mon indépendance, envie d'être maître de ma vie.

L'école de Versailles sera l'une de mes plus belles expériences. C'est là, durant cette année et demie, que je connais une transformation intérieure profonde en m'ouvrant aux autres de la façon la plus naturelle qui soit. Ici, les étudiants sont des artistes en puissance et leur sensibilité les rend solidaires, plus curieux et ouverts aux différences. Ils vont non seulement m'accueillir parmi eux mais aussi m'aider à comprendre des choses sur moi que j'étais incapable de discerner seul. C'est la force du groupe que je découvre avec eux. En dessin, mes gestes sont trop rigides. Il ne me faut pas très longtemps pour m'en apercevoir, surtout quand je compare avec les esquisses de mes condisciples. Certains sont si libres qu'on croirait qu'ils réinventent le trait, d'un simple coup de crayon ou de fusain. Je n'ai ni leur aisance ni cette confiance qui touche à l'abandon de soi. Je crois que cette raideur m'est venue à force de vouloir contrôler mon corps, me protéger des assauts de la maladie, anticiper les coups pour ne pas me laisser surprendre et dévaster. Cela finit par tuer la spontanéité, le pouvoir d'abandon et cela se reflète dans ma façon de peindre. Je fais des aplats à la manière d'Adami, enfermé dans cette technique qui exprime ma vision des choses, un monde cadré, discipliné par les contraintes, chaque élément cerné par un trait net, définitif, tout comme mon existence est délimitée par la mucoviscidose. Il n'y a pas de liberté dans le geste, pas de respiration, pas de mélanges de couleurs, de gradation, d'estompes et je me sens tellement limité, frustré, surtout au regard des autres.

Ce sont mes camarades qui vont me faire évoluer en douceur. Face à mon désarroi, ils suggèrent, critiquent, encouragent. Pas une seule fois je ne me sens jugé, simplement aiguillé. *Amuse-toi ! Fais des mélanges ! Libère tout, on est là pour apprendre, Damien, lâche-toi !* Plus ils m'encouragent, plus je me prends au jeu, et je progresse vite. L'ambiance est fabuleuse, communautaire, comme j'ai toujours rêvé. On s'entraide, on s'écoute et on rit beaucoup. C'est ouvert, joyeux, fantaisiste, sérieux, stimulant et même incroyablement enivrant pour un garçon habitué à travailler dans son coin ou avec son frère jumeau. Il y a tous les genres, tous les âges et une même envie d'avancer. Pendant près d'un an et demi, je me nourris d'art : livres, expos, abstrait, contemporain, on baigne dedans, les mouvements nouveaux, les influences des maîtres, l'apport des autres cultures. Beaucoup d'artistes que j'étudie ne cherchent pas à plaire mais à exprimer des choses fortes sur la société. Je me retrouve dans leur engagement radical, parfois mal perçu ou générateur de malentendus. Une de nos profs nous donne à travailler des thèmes sans concession : la famine, la politique, l'éthique et je prends conscience que tout est lié. Notre réflexion puise dans l'art pour s'élargir. Je me sens intensément vivant durant ces mois d'études, de découvertes et de travail assidu.

Tout serait fabuleux si ma santé ne souffrait pas du rythme imposé. Les trajets aller-retour Perray-Versailles prennent une heure et demie, chargé de mon matériel, ma grosse pochette à dessins, mon déjeuner. Et puis il y a les déplacements à Paris pour les expos, la kiné en rentrant de l'école et celle du soir, les devoirs à rendre, les courses, la cuisine, toute une logistique que je ne prenais jamais en charge à Parmain. On a vingt-cinq heures de cours. À quoi s'ajoutent les travaux pratiques à faire à la maison. Je n'ai pas encore vingt-quatre ans et je suis cassé par l'effort. Certains inconvénients qui me semblaient gênants mais supportables s'ajoutent à ma fatigue. Nicolas me manque en dépit de nos coups de fil et des séjours à Parmain, pour les vacances scolaires. Mon studio qui donne sur une courette fermée est trop sombre et je ne supporte plus d'être coupé de la nature et d'un horizon, comme j'avais à Parmain. J'ai besoin d'air et de lumière, un besoin vital. Avant de perdre totalement courage ou que les choses empirent et gâchent jusqu'au souvenir de l'aventure, je prends, à regret, la décision d'arrêter.

Nicolas

Imaginez un homme des plaines soudain propulsé sur les pentes de l'Everest. Le mal aigu des montagnes a un air familier : ballonnements, violentes douleurs abdominales, sinusites, fourmillements, arthralgies, picotements, toux, difficultés respiratoires. Plus elles sont prononcées, plus le corps s'épuise. Vers trois mille mètres, les membres s'alourdissent, les gestes deviennent lents et difficiles, la tête bourdonne. Passé cinq mille cinq cents mètres, sans oxygène, il y a risque de coma. Ma capacité respiratoire est de trente-neuf pour cent. Voilà une réalité quantifiable mais pas vraiment parlante. Trente-neuf. Moins de la moitié de ce qui est nécessaire à une respiration normale. Damien, lui, oscille entre vingt-deux et vingt-cinq ces derniers temps.

Mon état s'est dégradé ces deux dernières années. La raideur musculaire s'est installée et à présent elle fait partie de moi. Mes cervicales sont affectées. En voiture, je dois reposer ma tête sur un coussin adapté. Deux fois par semaine, un ostéopathe vient me masser le dos. La douleur est presque constante et j'ai parfois l'impression de ne plus avoir assez de muscles pour soutenir mon squelette. Quand tout va bien – météo clémente, nuit correcte, santé optimale, traitement antibiotique efficace –, je peux marcher à ma guise, monter des marches et même courir si j'ai pris la précaution de faire une kiné respiratoire. Ma volonté n'est pas en cause mais la maladie finit par l'entamer après avoir soumis le corps. Je suis vite exténué, surtout après les repas à cause de la digestion difficile. Le soir, aussi. En période d'inflammation je m'essouffle pour un rien. Monter un escalier devient aussi fatigant qu'un footing de vingt minutes. L'air que j'expire est brûlant, comme si je me consumais de l'intérieur d'un feu ardent. Les dragons étaient-ils tous atteints de mucoviscidose ? Si je dois faire un trajet en voiture, je suis bon pour des quintes nocturnes, à cause des particules fines. Tout peut déclencher une crise. Un rire trop appuyé, du stress, une poussière, de la fumée, un coup de froid, un germe. La toux démarre sans que je puisse la maîtriser. Violente. Incessante. Elle mobilise tout mon corps et m'ébranle de secousses. Chacun de mes poumons est semblable à une éponge. Mouillée elle est souple, facile à étirer. Sèche, elle se pétrifie. Le pire, ce sont les spasmes qui me donnent l'impression de mourir.

Si seulement je pouvais lire, nager, courir, jouer et rire sans m'économiser. Si je pouvais croire à la guérison ! Souvent, le soir, la fatigue fait trembler mes membres. Il me semble que je suis fauché en plein élan. Et l'élan meurt. Je regarde les autres autour de moi. Eux aussi ont des problèmes, des soucis et je les envie. Je sais que je ne dois pas comparer ni céder à l'amertume. Aimer, croire et lutter, mais comment faire si mes rêves s'effondrent ? Sous l'inflammation respiratoire, quand l'épuisement dégénère en un mal-être général, mon corps devient lourd à traîner, mes bras si faibles que j'ai du mal à saisir les objets. J'ai mal au dos, aux reins, à l'estomac et au foie à cause des antibiotiques ; aux articulations, et même à la peau à cause des démangeaisons. Je n'ai plus la force d'écrire, de voyager, ni même de faire de la photo comme j'aimais tant. La maladie ne se contente pas de ronger mes poumons, elle m'enlève quelque chose chaque jour. Elle entame mes projets, mes passions, ma force. Je survis. Sensation de froid dur. Comme un étau qui se resserre. De quoi sera fait l'avenir ? Impossible de me projeter. C'est dangereux, le rêve, quand on se sent de plus en plus limité. Au lieu de m'adoucir, l'illusion s'infecte, le poison des regrets… Je veux que tout s'arrête. J'en ai marre de cette existence, ces thérapies, la douleur, les frustrations, la routine du mal. Je pleure. Je me frappe la poitrine en rêvant d'exploser ces poumons malades. De les piétiner. De les anéantir. J'enrage, je veux tout casser. Envoyer le monde au diable.

LISTE

Nicolas

Je rêve que ma mère est heureuse.

Je rêve de grandir.

Je rêve d'habiter une île tropicale pour surfer tous les jours.

Je rêve d'avoir un skatepark à côté de chez moi.

Je rêve d'un grand amour avec une fille Absolue.

Je rêve de fous rires, de soirées entre copains.

Je rêve de ne plus jamais faire de kiné respiratoire, de ne plus cracher dans des tubes, dans des pots à couvercle, dans des mouchoirs en papier.

Je rêve d'être globe-trotteur photographe pour garder la beauté en plein vol.

Je rêve de jeter mes pilules (antibiotiques, poison) et toutes les seringues.

Je rêve de devenir psychologue et d'aider ceux qui souffrent. Guérir.

Je rêve d'écrire, de jouer de la flûte, du piano ; d'art et de création.

Je rêve d'apprendre jusqu'à ma mort.

Je rêve de Damien guéri, heureux. Et maître en tai-chi.

Je rêve d'une grande maison écologique dans une communauté sans hiérarchie.

Je rêve d'une nature vivante, d'animaux respectés, d'un monde sans pollution, sans tyrannie, sans exploitation, sans famine et sans guerres, d'une société sans racisme, sexisme ou homophobie. Un monde heureux. Je rêve de solidarité et de partage, d'égalité, d'autogestion. Je rêve de révolutions qui émancipent. De changements planétaires.

Je suis enfant, adolescent et je deviens un homme avec des rêves plein la tête.

Je rêve d'avoir le temps de faire ce que je veux, ce temps qui me reste encore.

CHAPITRE 5

Le droit de mourir dans la dignité

Damien

L'idée de suicide a traversé toute ma vie. Depuis mes quinze ans. Quand la maladie a commencé son lent travail de sape. On m'infligeait bien cette sentence de mort, pourquoi me refuser de choisir le moment et la façon ? À mesure que les années ont passé, j'ai senti la nécessité d'une loi. Ce n'est pas venu d'un coup, avec la brutalité d'une révélation. Ça s'est fait à force de nuits blanches et de dégradation. Il s'agit d'abord de dignité. La dignité de l'homme. Peu importe qu'il soit malade, ravagé et même diminué, il mérite d'être écouté. Au nom de quoi m'interdirait-on de choisir ma mort alors que je ne vis qu'à moitié ? Si tel est mon choix, pesé, réfléchi et mûri ? On m'a infligé trop de diagnostics et de condamnations. Ce droit à mourir, je veux me le réapproprier.

Ces dernières années, j'ai appris que le pire n'est pas la douleur du corps, mais l'angoisse de ne rien maîtriser. La maladie gouverne. Elle gouverne les médecins qui traitent, les infirmières qui administrent les drogues et le patient – dernier maillon de la chaîne –, qui n'a plus qu'à se soumettre sur son lit de souffrance. C'est une chose difficile à imaginer quand on est en pleine santé : l'impuissance absolue qui annihile toute volonté, étouffe les cris, les paroles. Je crois qu'on ne peut bien mourir que si on accueille absolument ce qui vient. Or comment admettre la peur, l'incertitude ?

Mon médecin traitant, un homme attentif et ouvert, m'apprend qu'il a déjà aidé des malades à partir sous morphine dans le cadre strict de la loi Leonetti. Cette loi, la seule existant en la matière, autorise l'injection de doses létales à un mourant en proie à des souffrances qu'aucun traitement ne peut soulager. Bien sûr, ce dernier est informé. Bien entendu, il doit avoir donné son accord en pleine conscience. Tout cela est consigné dans des directives anticipées, dûment signées. J'explique au praticien que je redoute trop les effets secondaires de la morphine pour envisager l'éventualité d'un cœur léger. Le cocktail peut provoquer une dépression respiratoire, des appels d'air ou des convulsions. Rien ne m'assure que je ne souffrirai pas. Même plongé dans l'inconscience. Si j'avais une pathologie qui n'affecte pas les poumons, l'idée serait plus admissible mais, depuis que je suis en âge de comprendre, on m'a seriné que je mourrais étouffé. Aujourd'hui, on peut me jurer que la sédation est indolore, mon être entier se révolte à cette idée. Que sent vraiment le malade plongé dans l'inconscience ? Derrière ces mouvements convulsifs, les yeux qui s'ouvrent sans voir, les poings serrés, les spasmes, qui peut savoir ce qu'il éprouve ? Je connais l'asphyxie. Je ne veux pas la subir sans défense.

Mon pneumologue m'écoute sans m'interrompre avec son attention coutumière. Loin de chercher à m'embobiner, il me répond qu'il ne peut agir en dehors de la loi mais qu'il promet de m'accompagner jusqu'au bout. Il dit aussi qu'il fera son possible pour que je parte sans souffrance, en évitant tout acharnement thérapeutique. Son honnêteté me rassure. Il ne me jure pas l'impossible mais il est plein d'empathie. J'ai connu des soignants incapables de cet effort. Écouter un malade revient à accepter ses propres limites, parfois même son ignorance. L'humilité n'est pas chose facile pour un médecin. Douter, c'est admettre que la science est bien petite face à la toute-puissance de la nature.

Ces derniers mois, j'ai passé un cap. La douleur s'est concentrée, condensée, même. Elle n'a pas de forme ou elle les possède toutes. Elle est compacte, épaisse et pourtant incroyablement souple et fulgurante. Elle peut me prendre en un instant dans son poing et me serrer en entier dedans. Et puis me jeter là, comme on abandonne une écorce, plus mort que vif, avec un filet de souffle, juste de quoi revenir. Revenir. Il le faut, Damien. La société le réclame. Elle veut te soigner, te faire durer comme un morceau de vieux cuir qu'on tanne et tanne encore. Et qui pourrait servir à quoi ? Juste à une idée selon laquelle un homme n'aurait pas le droit de décider car la douleur lui ôterait toute capacité de raisonnement ? Je voudrais des forêts de livres pour décrire cette détresse-là.

Et puis, par instants, magiques, fugitives, surgissent des secondes de joie intense. Le sentiment fulgurant de la vie. Il y a tant de chose que j'aime, des grandes et des minuscules, rien que le frémissement sous ma peau. Je respire !

Même mal, entravé, il y a comme un miracle qui m'émerveille. Dans ces moments-là, je crois que mourir peut être beau. La dernière expérience en ce monde. Et puis je m'en irai ailleurs, derrière le voile ténu de cette vie. Me fondre dans la lumière. Enfin.

* *
*

Cela fait maintenant un an que je suis à l'école d'art quand j'entends parler de l'affaire Vincent Humbert, ce jeune homme d'à peine vingt ans qui vient de mourir, le 24 septembre 2003, aidé par sa mère, Marie, et par son médecin. D'une certaine façon, Vincent est le déclencheur qui me mènera à pousser les portes de l'Association pour le droit de mourir dans la dignité (ADMD), l'année suivante. Il y a quelque temps, j'ai lu un livre d'André Monjardet sur l'euthanasie qui m'a semblé terriblement juste. Mais je n'étais pas encore prêt à me confronter à ce genre de combat. Pas encore, pas si tôt. La mort n'a jamais été un vague concept, les formes qu'elle prendra me concernent au premier chef, mais je n'ai que vingt-trois ans et je pressens que l'engagement sera « à la vie, à la mort ». Alors j'attends le déclic. Ce sera lui, ce jeune pompier devenu tétraplégique à la suite d'un accident de voiture. Aveugle et muet, Vincent réussit pourtant à communiquer en bougeant un pouce. Sa volonté est sans appel. Il veut mettre fin à ses jours et, faute de pouvoir agir, il adresse une requête d'euthanasie au président de la République. Les mois passent et rien ne change. Il n'obtient aucune réponse. Sa mère ne supporte plus de le voir souffrir. En désespoir de cause, à sa demande réitérée, elle passe à l'acte. Elle lui administre des doses massives de barbituriques. Vincent plonge dans le coma. *Je vous demande le droit de mourir*, son témoignage posthume, sort le lendemain, au moment où Marie Humbert est placée en garde à vue. Deux jours plus tard, en accord avec la famille, son médecin lui injecte une dose létale de chlorure de potassium mettant fin à son agonie. Jugée pour empoisonnement avec préméditation, Marie obtiendra un non-lieu lors de son procès.

Le livre de Vincent Humbert déclenche quelque chose en moi. En dépit de la mucoviscidose, je suis mes cours, je peux bouger, apprendre, courir, faire des projets de voyages. Même fragile, cela reste possible et c'est toute la différence. L'impuissance d'un homme cloué à son lit, totalement dépendant de la volonté des autres, me révolte. Je suis bien placé pour savoir comme il est difficile de se faire entendre quand on ne marche pas au même pas que les autres. Cela peut sembler paradoxal mais les malades ne sont guère mieux lotis que les fous, les handicapés ou les marginaux qui pensent autrement. Trop souvent, ils doivent démontrer pourquoi la règle commune ne s'applique pas dans leur cas. Démontrer que la fatigue les empêche de tenir debout dans le métro même s'ils n'ont pas de canne ou de bandages à exhiber. Expliquer que la souffrance peut dépasser leur capacité d'endurance. Raconter la routine, le découragement. Justifier, toujours justifier. D'un autre côté, peut-on exiger des gens qu'ils comprennent ? Personne n'ira lutter à ma place. Personne ne deviendra mon porte-parole sous prétexte que je suis trop timide pour débattre en public. Je prends conscience que si je ne veux pas regretter de n'avoir rien fait quand il sera trop tard, je vais devoir sortir de ma réserve et balayer mes pudeurs.

Les mois qui suivent sont usants. Je suis de plus en plus fatigué, je ne vois rien venir, aucun espoir de traitement novateur. J'ai besoin d'un but. Quelque chose qui me permettra de reprendre le contrôle de mes angoisses, à défaut de miracle de la science. Je me décide donc enfin à pousser la porte de l'Association pour le droit de mourir dans la dignité (ADMD). Si j'avais su à quel point ce serait facile, je n'aurais pas hésité si longtemps. Dès ma première visite, je me sens en terrain familier. Inutile d'insister sur mon état puisque ici les maladies graves sont la norme. Pas besoin non plus de me justifier. Les bénévoles savent tous ce que signifient les cas lourds et cette liberté est incroyablement reposante. Ils écoutent sans juger, avec une empathie si totale que j'ai le sentiment d'avoir trouvé un refuge où je peux tomber le masque, être totalement moi-même, joyeux ou triste, découragé ou en colère, sans rien édulcorer. Il y a toutes sortes d'adhérents, des jeunes, de plus âgés, malades ou proches, quelques personnalités et une majorité d'anonymes, des volontaires de tous les bords, toutes les sensibilités. Le combat supplante ces différences et fait le lien entre ces gens qui veulent une loi sur la fin de vie. Les deux premières années, je me contente de suivre les conférences. Je me rends aussi le plus souvent possible aux manifestations publiques. Une façon de prendre mes marques. Ce n'est qu'en 2006 que je deviens le représentant de la commission jeune de l'ADMD, chargée d'organiser les meetings, de rédiger des tracts ou de sensibiliser le public, notamment dans les facs et les écoles d'infirmières.

Au long de ces années, je fais de belles rencontres. Certaines surviennent à un moment de doute et me redonnent l'élan pour repartir. Claude est une dame d'une soixantaine d'années, antiquaire à Paris. Je la rencontre lors de l'assemblée générale annuelle de mon département. Comme elle loge à Noisy-sur-Oise, elle me propose de me raccompagner. D'autres sorties suivront : des balades à Senlis, des concerts de musique classique ou des invitations dans sa maison qui cache un petit paradis de jardin anglais où les fleurs poussent dans un apparent fouillis : campanules, phlox, digitales, gypsophiles et ces fameuses échinacéas que je connaissais en solution buvable. Je crois que c'est chez Claude que je tombe véritablement amoureux des fleurs. En apprenant qu'elle vend sa maison pour prendre sa retraite, j'ai éprouvé un sentiment de perte indicible à l'idée de ne plus jamais revoir ce coin de terre. Un paradis terrestre qui m'a profondément marqué, tout comme la gentillesse et la beauté intérieure de Claude.

Les témoignages s'enchaînent pour l'ADMD. Tantôt en amphi devant des élèves infirmiers, tantôt devant un public de personnalités, comme à cette conférence à l'hôtel de Paris organisée par notre président, Jean-Luc Romero. Il est devenu un ami intime que j'admire pour son courage et les causes qu'il défend. Il descend régulièrement de Paris en avion pour nous rendre visite. Une force me pousse, plus forte que le trac. Ce jour-là, je dois prendre la parole devant huit cents personnes. Ce ne sont pas des étudiants que la vocation porte mais des députés, des sénateurs et des intellectuels engagés. Je reconnais Manuel Valls, Mireille Dumas, François de Closets, Benoîte Groult, la romancière favorite de maman, qui est présidente d'honneur de l'ADMD. D'éminents médecins ont déjà expliqué la nécessité d'une loi. Quant à moi, j'interviens comme caution « de terrain », pour appuyer la théorie. Je parle au nom des sans-voix, ces patients anonymes que l'on oublie parce qu'ils ne font pas de bruit. Je parle de cette marge entre vie et mort où le malade demeure sans volonté, inapte, démuni, de sa détresse trop souvent ignorée. Je ne peux pas croire que si les gens savaient ils resteraient indifférents. Il faut une loi qui fixe des règles autour de la fin de vie. Il faut que le tabou cesse parce que cela nous concerne tous, célèbres ou anonymes, puissants ou faibles. Tous, nous pourrions être confrontés à ce choix.

Le dernier mot s'éteint. Subitement, je reviens à la réalité, sur l'estrade. Le public est debout, huit cents personnes, les mains battant à l'unisson. Ils applaudissent. L'espace d'un moment, en larmes, je me sens à ma place.

* *
*

Quelques mois plus tard, fin septembre, je participe aux Virades de l'espoir, au jardin du Luxembourg. Cette marche annuelle, organisée par l'association Vaincre la mucoviscidose et destinée à récolter des fonds pour la recherche, fête aussi ses vingt-cinq ans. On attend un millier d'enfants-marcheurs, le ministre de la Jeunesse et des Sports, des sénateurs, des sportifs de haut niveau, des personnalités. C'est la première fois que je participe à cette manifestation. Il n'est pas question que je flanche. J'ai pris un traitement antibiotique une semaine à l'avance pour être en forme ce jour-là. Je suis au rendez-vous, à 9 h 30, au Luxembourg, coiffé de la casquette verte des bénévoles. On m'affecte au stand information, le poste idéal vu ma condition physique. Après une matinée morose, le public arrive sous un soleil timide. Un étudiant pressé veut connaître les effets d'une assistance respiratoire permanente. Il déguerpit sans attendre la réponse. Une brave dame évoque avec des sanglots son petit-fils qui vit en Angleterre. Une ado très coquette souhaite créer un site Internet pour sa cousine atteinte et cherche une marraine star de la chanson. Des gens souvent concernés, quelques passants curieux. Vers 13 heures, RTL vient me demander un témoignage. Ma dernière intervention à l'ADMD m'a laissé un trac fou. Aujourd'hui, il n'y aura que la journaliste et moi. L'occasion de dépasser mes appréhensions.

Curieusement, je me sens vite à l'aise. J'aborde des sujets lourds, la solitude des enfants hospitalisés, la douleur, l'esclavage des soins, le découragement face à la lente dégradation du corps. Je bafouille un peu en cherchant le mot juste, au risque de laisser planer quelques silences. Mais cela se passe plutôt bien. La journaliste m'interroge sur mes espoirs. En matière de recherche, j'attends plus de la pharmacologie que de la thérapie génique. Même si je ne suis pas expert, j'essaie de me tenir au courant. Je lis les bulletins de l'association sur les avancées médicales. Enfin elle me pose LA question. Elle l'enrobe de miel mais je ne suis pas dupe. Celle qui lui brûle les lèvres, je la connais. *Ça fait quoi de savoir qu'on va mourir?* En réalité elle lance: « Comment voyez-vous l'avenir, Damien? » C'est l'euphémisme habituel. Étant donné que la mucoviscidose est en train de me tuer à petit feu, je ne distingue pas vraiment mon avenir. Mais je ne lui dis rien de tout ça. Je préfère en rester aux généralités réconfortantes: « Je garde la foi, je reste optimiste, et de toute façon je suis persuadé que la science finira par vaincre la maladie. » Là je ne mens pas. J'ignore simplement si je serai toujours en vie pour voir ça. La journaliste semble très émue. Impressionnée, peut-être.

À mon retour au stand, Gérard Lenorman chante « La ballade des gens heureux ». Puis mille enfants s'élancent à travers le jardin, en offrant symboliquement leur souffle. Isabelle Carré, marraine de l'association Vaincre la mucoviscidose, et son président, Jean Lafond, inaugurent ces Virades de l'espoir. Il est déjà 16 h 30, l'heure de la conférence sur « Les enjeux des soins et de la recherche » dans une salle du Sénat. On y parle de greffe, des patients sur liste d'attente trop nombreux à mourir, du manque de greffons, des campagnes de sensibilisation, des complications dues aux médicaments antirejet. La liste est impressionnante, même si le bénéfice – la vie gagnée – est considérable. Le défi de la greffe est triple : trouver un greffon, réduire les temps d'attente, optimiser les soins après la transplantation. On en arrive au cœur du sujet : comment transformer les promesses en guérison ? Depuis sa création, en 1965, l'association finance une multitude de projets. La diversité des approches traduit la complexité de la maladie, essentiellement axées sur la thérapie protéique qui consisterait à remplacer ou stimuler la protéine défaillante. Le directeur scientifique de l'association veut croire qu'il existe un espoir à court terme. Combien de temps, ce court terme ? Impossible de répondre.

Il est 18 h 30. Nous sommes conviés à un apéro mais je me défile. Il me reste une heure et demie de transport et ma séance de kiné. Les émotions m'ont vidé. Dans le train, j'ai l'impression de faire corps avec la banquette en Skaï. Pourtant, en dépit de l'épuisement, je sens la confiance renaître. Si tout le monde donne, à sa mesure, son temps et son énergie, on finira par l'obtenir : la guérison totale.

Cette nuit-là

Nicolas

29 juillet 2007, il est minuit passé. Je suis devant mon ordinateur, à plancher sur mon mémoire. De son lit, maman appelle « Nini », mon petit nom, d'un filet de voix. Quelque chose ne va pas, je le vois tout de suite. « J'ai soif. » Ce n'est pas sa voix habituelle. Ces mots, elle a du mal à les prononcer. Elle est allongée, un peu pâle, et toute la partie gauche de son visage et de son corps semble figée. Hémiplégie partielle. Les cours en neuro remontent à ma mémoire. Je sais ce que ça signifie. Accident vasculaire

cérébral. Je dois me tromper. Il ne faut pas lui donner à boire. En cas de paralysie, elle pourrait s'étouffer. Damien est absent, en vacances, mais Jean-Marc, mon demi-frère, dort en bas, au salon. Je l'appelle, dans un état second. Faire le 15. Patienter dans ce cauchemar.

Mimi réclame toujours de l'eau et se plaint d'avoir soif. Jean-Marc lui humecte la bouche. Je sens que c'est grave. À nos interrogations inquiètes elle répond à peine. Elle se plaint d'être fatiguée. Je vois bien qu'elle doit lutter pour rester consciente et ne pas dériver. Les pompiers arrivent les premiers. Ils lui prennent la tension, sa température. Ils sont anxieux, cela se voit, et s'efforcent de la tenir éveillée en lui posant des questions. Un jeune se tient derrière elle pour qu'elle ne s'allonge et ne s'endorme pas. Elle pourrait vomir, s'étouffer. Le temps s'étire, se densifie, je ne sais plus trop.

Maman. Ne t'en va pas, je te regarde, tu es toute petite dans ton lit, pâle comme tes draps. Ces hommes si grands qui s'agitent autour de toi te rendent encore plus menue. Ta chambre sent déjà la tombe. Le Smur arrive enfin. La chambre se remplit un peu plus. Ils sont dix ou quinze et je me sens tout petit moi aussi, impuissant. Je voudrais hurler mais mon cri reste coincé dans mes poumons ratatinés.

Tu ne peux pas mourir et me laisser, pas toi. Je sais que ça ne va pas du tout, que ça n'ira plus jamais. Quelqu'un réclame des serviettes propres, et ses ordonnances médicales. Maman a des problèmes à la thyroïde. Elle prend un fluidifiant, très mauvais en cas d'AVC. Je me sens désemparé, comme engourdi. Les pompiers s'agitent, posent des questions. Ils s'efforcent de se montrer rassurants. Ils ne le sont pas, ou bien c'est mon pressentiment.

Je scrute son visage, il me paraît si tranquille soudain, le regard de maman. Elle esquisse un petit sourire, les yeux tournés vers moi et je crois lire de l'amour, un adieu, un pardon aussi, de me laisser là. C'est tellement puissant et tellement impossible. Je ne sais rien d'autre que cet amour palpable, sa peau si blanche. Brusquement, la tension monte d'un cran. Un pompier annonce : « Elle s'enfonce, elle s'enfonce. » Je veux lui hurler de se taire, pas devant maman, si elle l'entend… Un autre, très grand, l'air d'un adolescent, s'enfuit de la chambre, comme pris de vertige. Le temps ne passe pas et pourtant, quand on nous prie de dégager, Jean Marc et moi – « Messieurs, on va vous demander de sortir ». Une heure vient de s'écouler. J'aurais cru deux ou trois. Mille ans. Le médecin nous rejoint. Il nous questionne sur le déroulé des événements, acquiesce pour l'eau refusée. Il dit « C'est très grave… » et puis « Si vous voulez lui dire au revoir, il faut le faire maintenant. »

Je l'ai pressenti. Mais un autre le dit de vive voix. La fin. Sa mort. La mort de maman. Impossible. Elle surgit, étendue sur un brancard, portée par deux hommes, toute de travers, comme si elle était aspirée vers le coma. « Si vous voulez lui dire un dernier au-revoir, allez-y » répète le médecin. L'ambulance est dehors, la gueule ouverte, noire. Elle l'attend, dans la nuit. « Nini. » Elle m'a appelé, elle ne peut pas me laisser maintenant, je ne peux pas. Je reste là, paralysé, tétanisé, comme elle. Ils vont partir et je ne fais pas un geste. Jean-Marc court vers l'ambulance. Quand l'ambulance disparaît, derrière la porte fermée, je m'effondre. L'angoisse qui me tenait debout, *voir ma mère, la voir encore,* tout se dissout et moi avec. Mon corps lâche. Les larmes me sortent du corps, à flots, et pourtant la dévastation n'a pas commencé. Le choc est tellement violent que je ne peux ni penser ni sentir ni vivre ni mourir. Je sais que c'est fini, que je ne la reverrai pas. Ma mère, ma Toujours là, mon Inquiète, ma Rieuse, mon Soleil, partie, tordue sur un brancard. Son sourire assez large pour tenir le monde.

J'avale un Tranxène et de l'Euphytose. Ça ne produit aucun effet. Je pleure toute la nuit, et ça ne soulage rien. Je ne savais pas qu'un corps contenait autant d'eau. Pluie de larmes, raz de marée et pourtant le chagrin monte, une mer en moi. Mère. Elle est morte ? Je n'ai pas eu le temps de me préparer. Ma vie entière n'y aurait pas suffi.

* *
*

Mimi meurt dans l'ambulance, sur le trajet de l'hôpital. Plus tard, l'hôpital fait une demande de greffe. On dit oui, nous, les enfants, parce qu'on connaît son désir de donner la vie encore et encore. Oumelkhir, son prénom en arabe, veut dire « mère des bonheurs ». Jean-Marc et Laurent sont à ses côtés, à l'hôpital. Je me rends à son chevet, son corps en-tuyauté de partout, qui semble animé d'un reste de vie. Ma mère… On lui prélève ses deux reins.

À l'enterrement, Violaine est inquiète. Elle vient me parler, ma sœur qui me connaît si bien, et m'exhorte à me battre. Elle me dit qu'il faut vivre, bouger, que maman le voudrait. Le choc de sa disparition, le plus violent de ma vie, dure six mois. Six mois d'horreur. Et encore le double pour émerger, accepter simplement l'idée qu'elle est vraiment partie.

À la maison, on a ôté toutes les photos d'elle. On ne peut pas se heurter à son visage vivant et savoir qu'elle n'est pas là, derrière la porte. Tout nous déchire le cœur. Ses vêtements, ses peluches qu'elle gardait, ses parfums dans la salle de bains, ses chaussures où elle ne glissera plus les pieds. La mort est irréversible. Pourtant il a fallu attendre la sienne pour sentir l'évidence nous pénétrer, son absence que rien ne comble. Il m'arrive de rêver qu'elle revient de là-bas, cet ailleurs irréversible, et une joie m'envahit, profonde, sauvage, une allégresse d'amour tandis que je dors. Tu n'es jamais morte, maman, tu es toujours vivante. Quand je n'en peux plus de me battre je t'appelle encore, maman, comme quand j'étais enfant, à l'hôpital. Et que tu pouvais chasser toutes mes peurs rien qu'en me souriant.

Ta mort est une violence de trop.

Nicolas

Vingt-huit ans

Alors que dans moins de deux mois je dois rendre mon mémoire, je suis hospitalisé pour une hémorragie pulmonaire. Les médecins préfèrent généralement attendre que ça cicatrise tout seul. Si ce n'est pas le cas, il faut introduire un micro-tuyau dans une veine de la cuisse puis le remonter, pareil au hérisson du ramoneur, jusqu'à la partie endommagée dans le poumon. Ne reste alors qu'à injecter des microbilles qui vont boucher la déchirure. En priant pour ne pas bousiller les reins… Pour l'instant, ma seule préoccupation est de terminer ce fichu mémoire. Je suis toujours en deuil, mon moral est en berne mais j'irai jusqu'au bout. Mon travail porte sur « La conscience du handicap des adolescents déficients légers et son impact sur l'estime de soi ». Heureusement, il me reste peu de chose à rédiger avant la soutenance. Un « peu » qui pèse une montagne quand je crache du sang sur mon lit. Entre deux quintes qui me déchirent la poitrine, je rédige les dernières pages. Mon séjour dure deux semaines, le temps de cicatriser. L'épreuve du ramoneur m'est épargnée ! Mais la pression est forte, la note du mémoire est décisive pour le passage en dernière année. À la présentation orale du mémoire, le jury sera intransigeant, mais je passe l'examen final comme dans un rêve.

L'année suivante, ma dernière année qui clôt huit ans d'études, sera aussi éprouvante. Mais mes notes sont excellentes vu mon état de fatigue. Le matin de la soutenance de mon mémoire final, alors que je fais une cure d'antibiotiques à domicile à cause d'une grosse inflammation (avec des soins réguliers et un goutte à goutte huit heures par jour), je n'ai rien préparé, je n'en ai plus la force. On se retrouve à une petite dizaine d'étudiants devant un jury de profs. Les autres sont visiblement stressés, bardés de fiches et de notes. Moi, je n'ai rien. Je trimbale juste ma fatigue, un pansement de perfusion et un relatif fatalisme. J'ai de la chance. Mon directeur de recherches aime l'imprévu et je suis tellement exténué que je me livre à une totale improvisation. Le jury adore. Non seulement j'obtiens dix-huit, mais d'éminents psychologues m'invitent à écrire un article dans une revue spécialisée. Ce n'est pas l'envie qui m'en manque, juste l'énergie. Je suis sec, vidé de mots et de pensées. Exténué. À plat. Voilà huit ans que je m'acharne à obtenir mon diplôme de psychologue en me battant sur tous les fronts. Je viens d'obtenir une mention assez bien mais je ne veux plus entendre parler d'échéance et de devoirs à rendre. Me voilà officiellement psychologue clinicien. Ce diplôme m'a coûté des larmes de sang et j'en suis immensément fier. J'ai vingt-neuf ans, un diplôme. Et pourtant, je ne peux pas devenir autonome. Avec ma maladie, je ne peux pas travailler plus qu'à mi-temps. Or, avec un mi-temps, je devrais renoncer à ma pension d'handicapé. Et je mettrais aussitôt en péril un équilibre financier déjà précaire. À la frustration se mêle une déception profonde, l'impression d'avoir lutté pour rien. Bien sûr, je suis sous le choc de l'épuisement. Je sais qu'il me suffirait d'exercer pour aller mieux. Pendant mes stages, j'ai compris à quel point le métier me passionnait et je sais combien les hommes en souffrance ont besoin d'être écoutés. Le manque de temps ou d'attention peut frôler la maltraitance. Parfois, la simple absence de bien-traitance suffit. Les malades sont fragiles, leur intégrité a été atteinte. Ils peinent à retrouver un peu d'amour de soi. J'ai rencontré des schizophrènes et des psychotiques enfermés pour des crimes. Mes idées toutes faites se sont fissurées puis ont été balayées par la réalité de cette souffrance brutale, dévastatrice. J'ai vu des patients en crise se cogner le crâne des heures durant contre la porte de leur chambre d'isolement, d'autres rendus catatoniques par la dépression noire, absolue. Il ne s'agissait pas du corps mais de l'esprit en proie au chaos.

Damien

« Pense positif, ne t'inquiète pas ! » La femme du cours de tai-chi m'observe avec une bienveillance teintée d'obstination, comme si je faisais exprès de souffrir et qu'il suffisait de penser en rose pour que la vie s'allège. Ce que je viens de lui confier n'est pas facile à entendre : l'impression d'être au bout du rouleau, écrasé par cette montagne nommée mucoviscidose. Sa réponse me laisse sans voix. « Pense positif et crois aux lendemains qui chantent... » Si seulement elle pouvait imaginer, cette adepte du tao, que penser sans désespérer est un combat de chaque instant. Que si je ne m'accrochais pas à l'espoir, même un fragment minuscule, je ne serais plus ici pour lui confier mon désarroi. Évidemment, elle cherche à bien faire. Comment pourrait-elle comprendre la mort qui m'accompagne, l'avenir incertain ? Ces temps-ci je suis tellement accablé par les souffrances que j'ai quelques difficultés avec l'espoir. On ne demande pas au mourant de penser positif. À moins de pratiquer l'humour noir.

Elle attend ma réponse, sourcils froncés par la bonne volonté. J'ignore ce qui m'a pris de me confier. Je ne la connais pas vraiment. Je la croise simplement aux cours. Heureusement que je n'ai rien dit sur mon désir d'en finir. Je l'ai juste suggéré mais elle n'a aucune envie d'entendre ça. Une fois encore, je me sens nié, amoindri, réduit en morceaux. On me prie d'oublier le corps trop encombrant et de mettre mes angoisses au placard ou sous le tapis. Qu'on n'aille pas buter dedans ! *Oublie tes fantasmes morbides, Damien, souris à la Vie !* Ce n'est pas la première fois que je m'attire ce genre d'encouragement. Même de la part de proches. *Ne pense pas à la maladie.* À croire que c'est une question d'entraînement. Qui sait ce que la souffrance trop intense, exacerbée, peut provoquer en soi, quelles fêlures et quel renoncement ? Ça me rappelle la prof d'anglais qui me conseillait une visite chez le psychologue. Quand les douleurs te tiennent, comment les oublier ? Je sais qu'il ne faut pas focaliser dessus. Je connais tous les exercices de détachement. Transmuter la douleur, déplacer sa conscience, laisser glisser le pire et regarder ailleurs. Combien de temps avant la prochaine vague de feu, les entrailles tordues, le couteau qui déchire mes poumons ? On peut s'en extraire, à force de volonté et de méditation. Mais la douleur remonte sans arrêt à la surface de la conscience, comme la mer cogne inlassablement la côte. Le flux et le reflux des vagues se moquent bien des barrages.

Oh ! j'aimerais l'évacuer de ma tête, cette douleur de vivre, l'effacer d'un coup de gomme. Un coup de joie et d'optimisme ! Mais je ne sais pas faire. *Pense positif.* Personne ne veut entendre ça.

Posologie quotidienne et conséquences

Petit déjeuner

- Une bouffée de broncho-dilatateur.
- Homéopathie : 51 granules.
- Vitamines : 6 comprimés.
- Enzymes digestives : 3 comprimés.
- Antibiotiques : 4 comprimés.
- Autres : 4 comprimés.
- Selon les besoins, complémentation orale type Fortimel : une brique.
- Total : 68 comprimés.

Déjeuner

- Homéopathie : 38 granules.
- Vitamines : 6 comprimés.
- Laxatifs : 2.
- Enzymes digestives : 3.
- Antibiotiques : 2.
- Autres : 2.
- Selon les besoins, complémentation orale : une brique.
- Total : 53 comprimés.
- Aérosol : fluidifiant bronchique (pulmozyme).

Goûter

- Enzymes digestives : 2 comprimés.
- Selon les besoins, complémentation orale : une brique.

Dîner

- Homéopathie : 43.
- Vitamines : 3.
- Laxatifs : 3.
- Enzymes digestives : 3.
- Antibiotiques : 3.
- Autres : 3.
- Total : 58 comprimés.

Après dîner

- Aérosols : jusqu'à 6 doses en cas d'inflammation et antibiotiques.

Au coucher

- Broncho-dilatateur : 2 à 3 bouffées.
- 1 comprimé de laxatif.

À cause du diabète, piqûres de contrôle avant et après chaque repas.

Injection d'insuline pour Damien après chaque repas.

Régulièrement, inhibiteur pour les remontées gastriques, probiotiques et un antifibrinolytique en cas de saignements pulmonaires.

À cela on peut ajouter les méthodes naturelles, huiles essentielles en inhalation, infusion de thym, curcuma, citron, ail, etc.

Effets secondaires

Douleurs abdominales, ballonnements, constipation, hémorroïdes, diminution du goût, perte d'appétit, anxiété, perte de concentration, perte de motivation, épuisement, vertiges, tendinites, arythmie, nervosité, troubles du sommeil, résistances à certains médicaments, angoisses…

Damien

C'est en participant à l'émission de Stéphane Bern « L'arène de France » que je rencontre pour la première fois Marie Humbert. C'est son histoire qui m'a décidé à rejoindre les rangs de l'ADMD. Nous avons le temps d'échanger quelques mots en coulisses. On devine une femme pleine d'empathie, une battante qui consacre son énergie à faire avancer une cause et comprend mal l'immobilisme des politiques. À ses côtés, outre l'association Faut qu'on s'active !, j'ai la joie de retrouver Benoîte Groult, toujours aussi engagée en dépit de ses quatre-vingt-six ans. Sa présence me touche infiniment. Le décès de ma mère remonte à quelques mois et le moindre rappel est poignant. Je suis assis non loin d'elle, au premier rang du public, puisque je dois intervenir. J'ignore ce qui l'attire chez moi. En tout cas, elle se lève et me rejoint, sourire aux lèvres. Elle a dû deviner que je faisais partie des témoins. Ma maigreur me désigne incontestablement comme un sujet possible. Elle m'interroge sur ma pathologie et avec une simplicité merveilleuse me raconte qu'elle a rencontré un groupe de parole de patients atteints de ma pathologie. Si je n'étais pas aussi ébranlé par l'excès d'émotion et la crainte de me laisser submerger, je lui avouerais qu'elle était l'écrivain préféré de ma mère, que son livre *La Touche étoile* est resté corné à la page de son dernier soir. Le temps me manque. Le trac aussi. L'émission va commencer et je me sens incapable de lui livrer cette part d'intimité. J'aurais peur d'éclater en sanglots.

Nicolas

« J'entends Damien, Damien, Damien, qui est ce Damien ? » L'homme me fixe de son regard noir, incroyablement brillant. J'ai le souffle coupé mais je ne laisse rien paraître. Henri Vignaud est un virtuose de grande réputation. Un médium connu pour mettre en relation les êtres de chaque côté du voile, les vivants et les morts. Je suis venu le voir dans l'espoir qu'il me dise quelque chose à propos de ma mère. Je n'ai fait aucune allusion à ma situation, ni à ma mère, ni à mon frère, et pourtant, il les ressent, les perçoit, peu importe le mot qu'on choisit.

Cela fait à peu près deux ans que je suis assailli de perceptions. Cela a commencé un peu après le décès de ma mère. Depuis que j'ai entendu parler d'Henri Vignaud et de ses capacités, je brûle de prendre de ses « nouvelles ». Accueillir ses messages ou établir un contact qui sera légitimé par un autre, pas seulement par des intuitions qui me transpercent le cœur. L'homme a une présence dense, rassurante. Ses yeux luisent d'attention. On le sent soucieux d'humanité. Il égrène ce qui lui vient, la façon dont ma mère est décédée, des informations sur mes proches, une description de la maison, des choses que je partage avec Damien. Des détails que je suis seul à connaître. Très vite, je reconnais le phrasé de maman. Je reconnais ses façons, ses expressions. Mimi s'étonne que nous nous voyions moins, entre frères et sœur, depuis son décès. Elle le regrette. Je suis estomaqué par la justesse de cette clairvoyance. On se voit moins, c'est vrai. On le regrette aussi, mais c'est ainsi… Maman annonce que nous déménagerons vers octobre-novembre, alors que rien n'a l'air d'avancer. Et elle me redit qu'on est tout pour elle. Vers la fin de la séance, elle ajoute que je devrais faire attention à mon pneu arrière. Et puis elle, ou plutôt Henri Vignaud, répète ces mots familiers, « Mes petits, vous êtes mes petits », de cette manière qu'elle avait de nous les chuchoter, sa litanie de maman. Je crois les entendre encore, à peine déformés par la voix du médium. Il continue : « Votre mère me souffle dans l'oreille : je suis en paix, en paix, en paix. »

Une joie profonde, presque brutale m'envahit. Je sais, je sens qu'il s'agit d'elle, son esprit, cet amour que je peux presque toucher. Il ne s'agit pas de croyance, plutôt d'une évidence. Ce qui se passe dans cette pièce, ce rendez-vous entre deux hommes et l'esprit de ma mère, comment pourrais-je le décrire ? Maman veille, même de l'autre côté. Elle continue de nous aimer. Vignaud perçoit son évolution spirituelle. Car si les êtres évoluent, les esprits aussi ont leur cheminement. La présence de maman est lumineuse, déjà lointaine, indice qu'elle a évolué très vite après son décès. Je repars ébahi, émerveillé et surtout incroyablement soulagé de savoir que Mimi est en paix. Je sais que cette entrevue m'a remué en profondeur. J'ignore seulement comment et sous quelle forme cela se manifestera. Deux semaines après la séance chez le médium, je suis sur l'autoroute, dans le camping-car d'un ami, quand son pneu arrière explose. On évite l'accident de peu. À croire que quelqu'un veille. Elle m'avait prévenu…

* *
*

Toutes ces années, j'ai besoin de me relier corps et âme à la vie pour trouver un sens à ce qui m'arrive. Je lis des livres, des articles qui traitent d'expériences de mort imminente ou de phénomènes de médiumnité, je regarde des vidéos. Autant de manifestations que je considérais auparavant comme des superstitions justes bonnes à toucher les crédules. L'intuition est une chose bien plus naturelle qu'on ne l'imagine. Cela peut sembler extraordinaire quand on se perd dans le tourbillon des occupations, pourtant il suffit de se laisser traverser par les sensations et d'observer. Plus on est attentif, mieux on devient réceptif. Mes expériences extrasensorielles – ou extra-sensitives – arrivent presque d'un coup, en quelques semaines, deux ans après la disparition de ma mère. Je perçois des images, des énergies, parfois des sons ou même des mots, traversé par ce qu'il faut bien considérer comme des messages ou des signes. Il faut que ces perceptions soient bien puissantes pour faire tomber mon scepticisme. Une fois que je les accepte, tout devient plus facile. Je me mets à discerner des esprits bienveillants et malveillants. Je suis sujet à des phénomènes de voyance ou de télépathie. La plupart du temps, je ne contrôle pas ces « irruptions », mais j'apprends à les accueillir. Il m'arrive aussi des expériences éprouvantes qui me font comprendre petit à petit que la lumière ne va pas sans l'ombre. Les cauchemars, notamment, qui m'assaillent avec une violence inattendue. Ces attaques de pensées noires sont une façon de me mettre face à mes responsabilités. Ombre ou lumière, je suis libre de choisir à quoi je veux croire.

Pour quelqu'un qui a frayé si longtemps avec l'extrême – l'idée de ma propre mort, la douleur, l'angoisse –, ces manifestations ne sont pas si inconcevables, finalement. Et puis Damien et moi, nous avons une sacrée endurance. Les messages ne proviennent pas de mon mental affolé mais bien d'une autre source, plus intérieure, un ailleurs difficile à décrire sinon comme une force ou de l'énergie pure. Pour ma part, tout est énergie, information, vibration.

Je n'aime pas souffrir. Je n'ai jamais considéré que le mal est une fin en soi ou une façon masochiste de connaître ses limites. Pourtant, je ne peux pas nier que les épreuves m'ont transformé intérieurement. Envisager l'existence de façon plus globale tempère ma révolte face au monde massacré ou à l'aveuglement des hommes. Non que mes idées aient changé mais elles se sont approfondies. Il faut être incurablement malade pour comprendre combien la vie est précieuse. Je me désole souvent du gâchis. J'aimerais pouvoir convaincre que la vie est incroyablement intense et fragile, fugace et toute-puissante. Simple, évidente. Peu à peu ma vision s'élargit et la peur s'atténue. Au moins quand je ne suis pas en crise. Je comprends avec d'autres prismes. Je fais des liens intuitifs. Quelquefois, quand la révolte me submerge, il m'arrive de me sentir pareil à un guerrier immobile en qui les combats font rage. Je sors de ces plongées comme un outil qu'on aurait taillé jusqu'à l'os. Épuré de ses scories.

Jusqu'où pouvons-nous lutter ? Je resterai toujours impressionné par la force de Damien qui l'a mené jusque-là, malgré les longues épreuves de torture qu'il a traversées : d'autres se seraient suicidés mille fois. Mais non, il est toujours là, debout. Affaibli physiquement, mais maintenant d'une profonde richesse intérieure.

Oui, la maladie m'a privé de bien-être, d'insouciance, de paix, de tranquillité. Elle m'a souvent mené à la rage, la colère, la haine. Mais elle m'a aussi permis de comprendre certaines choses en profondeur. Je suis confronté à la mort depuis mon plus jeune âge. Damien et moi, nous l'avons tellement approchée dès l'enfance que nous avons été amenés très tôt à nous questionner sur le sens de l'existence. La maladie nous a placés face à des questions essentielles telles que la fin de vie, la perte de l'intégrité physique et morale, l'identité. Elle nous met face à nous-mêmes… Cette réflexion et cette vie nous ont conduits à expérimenter des phénomènes que certains peuvent qualifier de « surnaturels ».

Chercher, ouvrir des portes. La maladie me pousse à la remise en question. Elle permet de mieux comprendre les situations. Elle apprend beaucoup sur son corps et sur sa conscience, mais aussi sur le monde et ses injustices. Elle accentue la sensibilité, l'empathie, l'humanisme, le besoin de solidarité, la bonté, l'introspection, apprend à transcender le superflu. C'est aussi valable pour les proches. Dans ce sens, je la vois de plus en plus comme un outil d'initiation, une alliée, un atout. Depuis des décennies, je suis en prise avec les réalités du handicap et de notre système de soin. Je suis vigilant, pour moi, pour Damien, pour les autres. J'ai l'impression d'être sur Terre pour comprendre des choses, pour évoluer spirituellement, pour être utile.

Grâce à elle, j'ai pu acquérir des choses très positives. Faire de magnifiques rencontres.

La maladie m'a permis d'ouvrir mon cœur.

Damien

Après le décès de maman, comme Nicolas, je rencontre une professionnelle de la voyance choisie dans un ouvrage qui note tous les talents dans ce domaine. En une séance, tous mes préjugés tombent sur cet art divinatoire. Sans me connaître, par la seule force de l'intuition, elle évoque mon passé, mon présent, mon futur, avec une justesse incroyable. C'est troublant et réconfortant à la fois. En sortant de son appartement, je ne suis plus le même homme. Moi qui suis plutôt cartésien, je me mets à regarder toutes sortes d'émissions de télévision sur le sixième sens, l'au-delà, les guérisseurs. Je lis aussi beaucoup. En décembre 2011, je tombe sur un article de la revue *Nexus*. Il est intitulé : « La réincarnation, croyance ou évidence ? » En se basant sur l'étude de deux mille six cents cas, un psychiatre américain, Ian Stevenson, a montré les liens existant entre les marques de naissance de ses sujets d'étude et les blessures corporelles de personnes décédées. L'article me fascine. Jusque-là, je n'ai jamais cru à la réincarnation, mais cette étude me met soudain devant une réalité vertigineuse. Une nouvelle vision de la vie et de la mort naît en moi. Quelques semaines plus tard, je cherche à rencontrer un thérapeute spécialisé dans ce que l'on appelle « les régressions dans les vies antérieures ». Je sens que mon âme traîne des boulets invisibles qui me plombent. Je dois les évacuer. Une force intérieure me dit qu'il faut tenter : c'est ça ou la mort. À ce moment-là, je suis convaincu d'avoir trouvé l'explication de la source profonde de mes souffrances de toute nature. Quelque chose qui va me soulager. Des intuitions, des visions, des sensations fortes apparaissent à ma conscience. J'ai l'impression d'ouvrir la boîte de Pandore. Je démarre ces séances de régression, seul dans ma chambre. Se mettre en condition, au calme, lumière tamisée, assis ou allongé sur le lit. S'assurer de ne pas être dérangé. Méditation. J'inspire, expire, doucement, en profondeur. Tout est dans le ventre, notre deuxième cerveau. Petit à petit des scènes apparaissent, on me souffle des mots. Ma respiration s'accélère, l'émotion jaillit d'un coup, puissante, terrible, suivie d'un énorme soulagement. Mes poumons s'ouvrent. Un vent d'air frais pénètre et gonfle mon thorax. L'énergie revient, circule. J'ai la sensation de m'être débarrassé d'une infection insurmontable. Le lendemain matin, je me réveille avec une sensation de vitalité que je n'avais pas ressentie depuis des années.

Deux ou trois jours après, pourtant, mon état se dégrade de nouveau. Surtout ne pas se décourager. Il ne suffit pas d'un claquement de doigts pour nettoyer toutes ces vies passées. Je sais que ce sera long mais je mène l'enquête sur moi-même et je suis le seul à détenir les clés. Garder la foi, continuer, en espérant qu'une amélioration viendra.

Il faut y aller doucement, à son rythme.

Cette recherche s'inscrit dans mon cheminement personnel et mon ouverture d'esprit. J'ai tout fait pour m'en sortir et cette thérapie s'inscrit dans un contexte de survie. Partout on refuse de me faire entrer dans des protocoles d'essais cliniques hospitaliers car j'ai moins de trente pour cent de capacité respiratoire ; on me refuse la greffe, on me refuse une délivrance volontaire douce (je sais qu'il est difficile pour certains, encore aujourd'hui, de comprendre qu'on puisse légitimement en avoir ras le bol d'une overdose de souffrance) ; les antalgiques ne me soulagent que très partiellement et me rendent KO… etc. En attendant je fais quoi ?

Je me laisse crever passivement dans les pires souffrances ? Non, j'ai décidé de rechercher consciencieusement des choses par moi-même, des thérapies qui peuvent au moins me soulager un peu. Même si je sais que ça ne va peut-être pas me guérir, cette thérapie ne me fait aucun mal. Au contraire, elle me fait du bien et en plus elle me passionne.

CHAPITRE 6

Les tout-puissants

Nicolas

J'en ai croisé, des sournois condescendants qui dégagent un parfum d'orgueil subtil. Des manipulateurs qui ne reculent devant aucun mensonge – forcément charitable. Des agacés à qui on fait perdre du temps et de l'énergie. Des impatients qui ne supportent pas la contradiction ni la moindre remise en question. Un médecin mal écoutant, froid et trop sûr de sa pratique montre peu d'empathie envers son patient. Quand il n'est pas ouvert d'esprit, que vos remèdes alternatifs le font doucement rire, ce n'est guère encourageant. On se sent devenir objet. Un automate bon pour la réparation. L'approche est morcelée. Moi, j'aimerais être soigné par des hommes de vocation, passionnés et prêts à tout entendre. Tout considérer. Des chercheurs qui ont l'humilité de ne pas toujours savoir. J'aimerais dire à ceux qui nous reçoivent dans leur cabinet qu'un médecin redouté ne donne pas les meilleurs effets. On se rend à sa consultation à contrecœur. On perd sa capacité à être actif dans le processus de soins. Devant ces pontifiants, je me censure, je passe sur mes doutes. J'édulcore mes grosses douleurs et j'évite de poser des questions sur un nouveau traitement alternatif. Quand le médecin me fixe d'un œil sévère, je me sens pris en faute. Impossible de lui confier le plus intime, les fragilités, les doutes. Il n'en ferait qu'une bouchée qu'il recracherait ensuite, méprisant. Il ne se rend même pas compte que son orgueil l'empêche d'être bon praticien. Il préfère se croire tout-puissant. Il ignore que les malades le craignent, c'est pour ça qu'ils se taisent et font le gros dos. Pas par dévotion. Il faut beaucoup d'énergie pour se dresser contre ce genre de petit maître persuadé de tout savoir et de tout maîtriser.

Quand on dit à quelqu'un qu'il est condamné, la joie se retire et on casse une part de sa vitalité. L'âge m'aura au moins appris cela : il ne faut jamais se laisser impressionner ni menacer par aucun médecin, si brillant soit-il. On ne guérit personne avec des messages empoisonnés. Au contraire, on tue un peu. Pour soigner, il faut être pleinement humain. Et doué de compassion. Comme cette pneumologue de l'hôpital Cochin. Elle pose beaucoup de questions et m'écoute vraiment. Mon moral, la famille, les études, la fac, mon environnement. Elle m'encourage à aller chercher du côté des méthodes douces pour compléter le traitement allopathique. Sous son regard attentif, je me sens observé dans ma globalité. Pas seulement comme un muco de plus sur la liste des malades du jour. Je peux confier mes angoisses, mes doutes sur les effets secondaires d'un traitement. Je sais qu'elle ne méprisera pas mes inquiétudes. Chez elle, pas de condescendance ni de vanité, c'est une femme qui soigne. Rien que par ses paroles, elle m'a rendu une part de dignité. Que de justesse et de modestie il faut !

Damien

Combien de fois je me suis laissé prendre aux promesses des médecins – *non, ne vous inquiétez pas, ça ne fait pas mal, à peine un pincement…* – juste avant que la douleur explose à me damner. Le jour où l'on m'a posé la chambre implantable, l'infirmière jurait que ce serait indolore. Si bien que l'épouvantable souffrance qui a suivi sa promesse m'a cueilli avec une violence redoublée. Pareil pour la gastrostomie – opération qui consiste à implanter une sorte de cathéter sur l'estomac pour le remplir directement. Et je ne compte pas toutes les fois où je me suis senti incompris et ma douleur méprisée. Le geignard de service incapable de prendre sur lui. Les regards suspicieux – *mais ce qu'il est douillet, ça ne peut pas faire aussi mal !* Quand on me jure que je n'éprouverais aucune douleur, une fois plongé en coma artificiel sous morphine, je n'en crois pas un mot. On m'a menti trop souvent. Par ignorance ou pour me faire tenir tranquille. Ils répètent leurs petits mensonges. Parfois, ça marche, parfois non. N'importe puisqu'il faut bien faire les gestes. J'ai fini par comprendre que certains soignants ne veulent pas s'encombrer de la souffrance des malades. C'est encombrant, la douleur, ces plaintes qui vous percent les oreilles empêchent une bonne concentration. Ça pourrait même vous faire déraper !

Damien et Nicolas

Si le supplice devient trop dur, si l'un de nous approche de l'extrémité, au-delà de l'intolérable, alors le plus fort aidera l'autre à mourir.

Nous en avons pris l'engagement. C'est notre pacte. Partir sans douleur, abréger le calvaire, éviter l'horreur de l'étouffement, l'acharnement d'une médecine sourde et aveugle, la souffrance qui change en bête. Une dernière goulée d'air. Ce sera comme de s'endormir doucement. Sous le regard du frère.

CHAPITRE *7*

Départ pour le Sud

Damien

Trente et un ans

Octobre 2011, c'est décidé, nous allons vivre à Amélie-les-Bains, une petite ville thermale nichée au pied des Pyrénées-Orientales, à l'orée du mont Canigou et à deux pas de la frontière espagnole. Ici, la mer côtoie la montagne, c'est le pays de la cerise, des amandiers, de la vigne et des oliviers. De vastes forêts tapissent la petite et moyenne montagne, sillonnées par des sentiers qu'empruntent des randonneurs venus du monde entier. Amélie offre un microclimat exceptionnel. Le vent fort de la tramontane balaie la pollution, la chaleur sèche en a fait le paradis des curistes et des retraités. Je rêve de pouvoir simplement respirer. Sans avoir la sensation de mourir à bout de souffle.

Avec Nicolas, nous avons mal jugé l'ampleur de la tâche. C'est l'éternel problème. Réfléchir, anticiper, mesurer le moindre effort et décider s'il est possible, raisonnable ou envisageable. Sans nous mettre en danger… Cette fois, il y a une maison entière à ranger en cartons. Plus de trente ans d'objets accumulés à répartir. Un fatras de bibelots, de tiroirs encombrés, de souvenirs rapportés de nos voyages qu'il faut trier. Je suis un homme d'intérieur, par la force des choses, mais j'ai passé des années à voyager dans les bouquins, la musique, la peinture et un peu de dessin. Ces livres, ces objets, ces carnets font partie de moi. Je dois me résoudre à jeter le superflu. J'envie ceux qui savent se contenter de peu. Moi, je ne m'y résous pas. J'ai le sentiment qu'on m'impose ce dépouillement. Une violence supplémentaire dans une liste déjà longue. La maison de mon enfance contient mon être entier et celui de mon frère, les affaires de notre mère, les joies, les peines, nos expériences, et voilà qu'il faut ordonner ces trente années de vie. Je ne peux pas bâcler. Ce serait comme me renier. Le problème, c'est que je ne parviens pas à équilibrer la balance entre mon désir et mes réserves d'énergie. Les amis sont venus nous prêter main-forte. Heureusement. Sans eux, nous n'aurions aucune chance d'être prêts à la date prévue.

En y repensant maintenant, dans la petite maison calme, j'ai le sentiment d'avoir vécu un tourbillon de jours. Un déchaînement de forces dans un va-et-vient effréné. Et nous, au milieu, emballant les objets, bourrant les cartons de papier journal, fermant, scotchant, étiquetant et numérotant – celui-ci pour la chambre, celui-là pour la cuisine, le salon, la salle de bains – reportant le numéro sur une liste à ne pas égarer. Carton qui va s'empiler avec les autres, une myriade de boîtes qui se suivent à l'infini.

Mon esprit se trouve bientôt aspiré, piégé par la cadence, les gestes à répéter. Trier, couvrir, emballer, combler, transvaser, coller. Pressé par l'urgence, je ne cesse de consulter l'horloge. Vite, il faut trier la chambre, le placard, le cagibi, plus vite avant que… que quoi ? Je suis incapable d'enrayer les heures, incapable de m'en détacher. Cette tension m'épuise presque autant que mes efforts. Obnubilé par la date du déménagement, je n'écoute plus mon corps en surrégime. Ni les signaux d'alarme qu'il me lance. Aveugle et sourd, je ne pense plus qu'à une chose : empiler, trier, emballer, ranger, porter, poser, ranger, jeter. Je monte et je descends les escaliers en état d'insuffisance respiratoire sévère. Je me dis que je tiendrai. Il y a encore la pièce du haut à finir. Mon cœur n'en peut plus, mais je l'ignore.

Un après-midi, plongé dans un carton, une vive douleur me transperce. Plié en deux, j'attends que ça passe. Mais ça ne change rien. Au contraire, les élancements empirent. J'ai l'impression de brûler. À chaque inspiration, je sens mon cœur gonfler et se distendre jusqu'au point de rupture. Une quinte de toux me lacère la poitrine. Sensation d'une pluie de couteaux ou d'une coulée de lave. Dehors, la nuit vient de tomber. Je me rends compte que je ne pourrai jamais faire de kiné ce soir. J'ai poussé bien trop loin mon corps. Cela signifie une nuit sans dormir, dans la pire des détresses respiratoires. Je me traîne jusque dans ma chambre, m'allonge à moitié. Nicolas est en bas, je l'entends remuer. Je ne veux pas l'inquiéter, mais les douleurs redoublent et la peur me gagne. Même soutenu par une pile de coussins, accoudé sur le côté pour soulager mes pauvres poumons, la douleur ne se calme pas d'un iota. Changer de position accroît la torture. Lacérations. Flèches de feu. Ça me ronge l'intérieur. C'est tellement intenable que je n'ose plus remuer. Ne pas bouger, pour ne pas donner au mal le moindre élan, la plus petite accroche. Devenir lisse. Un mur.

Une falaise. Hélas, je ne suis pas fait de roche ou de parpaing, mais d'une chair qui hurle. Je ne tiendrai jamais, pas avec cette intensité. Je vais en mourir ou plutôt crever comme seules les bêtes crèvent. Dans la douleur et la panique absolues.

Au moment où je me sens happé par une panique pure, j'entends – j'éprouve – une petite voix qui m'assure que ce n'est pas mon heure. Que quelque chose va se débloquer. L'image de maman surgit, furtive, caressante. Elle est là, toujours. Elle voit et ressent tout. Rien ne lui échappe. Je le sais au fond de moi, même perdu dans la souffrance intenable. Et elle connaît l'issue. Instantanément, au-delà de la torture du corps, sa force me traverse et me laisse une certitude, l'espace d'un éclair. Je ne mourrai pas cette nuit. Nicolas vient aux nouvelles. J'ai juste la force de lui dire que je dois me reposer, qu'il ne s'inquiète pas. Je vais devoir affronter les heures qui viennent en solitaire, mais pas question de me faire hospitaliser. L'acuité des douleurs balaie mes pensées cohérentes et la puissance du message que ma mère vient de me lancer. J'oublie tout. Je ne suis plus qu'un chien agonisant et l'enfer m'emporte pour la nuit. À l'aube, j'appelle Patrick, mon meilleur ami, qui m'emmène aux urgences.

Mes sensations ne m'ont pas trompé. Après la batterie d'examens, les médecins diagnostiquent une myocardite – mon cœur enflammé, explosé, étiré au point de rupture. Je suis envoyé en unité de soins intensifs pour quelques jours. Dans la chambre bourrée de matériel médical, les infirmières me harnachent d'électrodes. Chaque battement de vie sera consigné sur le diagramme, même les tressaillements de mon ventre. Je pense à l'impudeur du corps malade. Pas étonnant que les médecins nous considèrent parfois en cobaye-puzzle. Le moindre frisson est analysé, disséqué : glaire, sang, fièvre, taux d'insuline ou émoi nocturne. Il n'y a rien que je puisse dissimuler. Rien qui échappe à leur contrôle. Je n'ai pas le droit de mettre un pied par terre avant que l'inflammation ne se résorbe. Cette pause m'oblige à me reconnecter à mon corps. À retisser les liens perdus pendant le tourbillon dévastateur des derniers jours.

À force d'entendre que j'étais condamné à mourir jeune, je me suis longtemps précipité sur tout, horrifié de ne pas accomplir mes rêves, de rater un bonheur ou une occasion. Dans la précipitation, il m'arrive d'en oublier de savourer la vie. Comment goûter quoi que ce soit dans cette fuite en avant ? Cloué sur mon lit d'hôpital, je prends conscience que j'ai failli mourir pour quelques objets. Je me suis attaché à l'accessoire. Je l'ai confondu avec l'essentiel. Ce n'est pas un bibelot ni une pile de livres. Plutôt la force d'amour à déployer pour moi-même et les autres. Qu'avais-je besoin d'épuiser la dernière goutte de ma sueur dans ces cartons ? J'ai mis ma vie en péril en voulant préserver du papier et des souvenirs. Quelle absurdité ! Même si c'est difficile, même si j'ai toutes les raisons de me cramponner aux choses, moi qui possède si peu, cette leçon doit m'inspirer pour le temps qui me reste. J'ai de la chance. Par la fenêtre de ma chambre, une forêt s'étend à perte d'horizon. Cette coulée verte m'apaise et me donne la force de lâcher prise. Un peu.

Le lendemain, l'inflammation a reculé et les sensations d'épines plantées dans le cœur diminuent. Au bout d'une semaine, je suis assez remis pour être transféré en convalescence chez mon frère Laurent, à Paris. Le déménagement se passe désormais sans moi. Je n'ose pas imaginer la force qu'il a fallu à Nicolas pour gérer ce déménagement sans mon aide. Je rejoins les garçons à Amélie-les-Bains début novembre. Le bilan est lourd. Nicolas s'est épuisé comme je le redoutais. Quant à moi, j'ai consommé mes maigres réserves d'énergie et ma perte de poids provoque un épuisement inquiétant. Avec l'hiver qui approche, les jours raccourcis, j'ai l'impression de m'enfoncer dans le noir. Je ne suis pas certain de revoir le printemps.

Durant des mois, j'enchaîne les hospitalisations. Malgré mes précautions, les infections pulmonaires se succèdent et nécessitent des traitements antibiotiques lourds qui m'affaiblissent considérablement. J'ai beau manger davantage, augmenter les compléments alimentaires, rien n'y fait. Au contraire, je finis par souffrir de diarrhée foudroyante. Ma courbe de poids plonge. Au printemps, je ne pèse que trente-huit kilos. Je vais me battre. Je veux connaître cette nouvelle vie dont nous avons rêvé avec Nicolas. Faire reculer la mort. J'ai encore trop de choses à découvrir.

Nicolas

À Amélie-les-Bains, j'ai trouvé la lumière, la vraie – une transparence, un scintillement qui imprègne la terre, l'air, chaque arbre découpé sur le bleu parfait du ciel. Je la bois, je m'en rassasie comme une plante, un tournesol, tant elle m'a manqué. Tout n'est pas évident, néanmoins. Quitter Paris pour la province est un changement plutôt radical. Il faut reprendre ses marques, se faire à un nouveau rythme, de nouvelles habitudes. Accepter l'éloignement avec sa famille et ses amis. Supporter les distances avec l'hôpital (les séjours se font à plus de deux heures de route). Mon père m'a offert une Ford d'occasion tout confort, direction assistée et boîte automatique, qui me change agréablement de l'espèce de vieux tracteur que je conduisais avant. Il prend en charge les réparations, l'assurance, tous les frais à venir que je ne pourrais jamais me payer sans lui. Et puis il y a les cours de sport à retrouver. Un nouveau prof. Tout à refaire.

Sans Ylian et Patrick, leur aide joyeuse, bienveillante, je ne sais pas si on y arriverait. Je me demande comment les autres muco se débrouillent. À Parmain, déjà, c'étaient eux qui nous accompagnaient à la gare, à l'aéroport. Eux qui organisaient les voyages communs, la logistique. Après le décès de notre mère, ils nous ont aidés davantage encore. Patrick est un bon vivant. Il a le rire facile, contagieux. Il chante sous la douche, joue de l'accordéon, écoute un tas de musique et semble incollable sur le sujet. Son énergie aussi est communicative. Ylian est un adepte de la pensée positive, il nous transmet une vision, une attitude résolument optimiste. Il aime les jeux de société, les soirées entre amis, et aide beaucoup Damien dans les soins quotidiens. Il répond aussi aux messages de soutien que nous recevons en nombre. Lire ces messages nous réconforte. Savoir que des gens compatissent, que nous ne sommes pas seuls. Parfois, quand la douleur nous insupporte, quelques lignes peuvent suffire à nous redonner du courage. Je me sens frustré de ne pas pouvoir répondre, ou si lentement que cela prendrait des mois ou des années.

Pourtant, c'est au quotidien que leur aide est précieuse. Ils se chargent des courses, de l'organisation de la maison, ils font les machines à laver, étendent le linge, cuisinent. Quand la maladie nous épuise au point de nous ôter le courage de bouger, ils nous épargnent les gestes insurmontables, aller chercher le sel, de l'eau, un couvert. Ils ont une patience inépuisable et ne paraissent jamais agacés. Lorsque Damien doit partir en urgence, Ylian prépare généralement ses affaires et suit l'ambulance ou les pompiers. Il veut être là pour le tranquilliser, parer aux mauvaises nouvelles ou les recevoir avec lui. Ils jardinent et s'occupent des chats, vont à la pharmacie chercher les traitements si je suis trop fatigué pour m'en charger. Ils règlent les problèmes d'ordinateur, de voiture à réviser, de rendez-vous avec le plombier. Ils sont amis, anges gardiens, confidents, jour après jour, joyeusement. Jamais ils ne montrent leur lassitude. Ces gestes quotidiens, des centaines, des milliers de petites choses qui, mises bout à bout, font une partie de leur vie. Je me demande parfois ce qui les fait tenir. Je n'aime pas l'idée du sacrifice et je voudrais qu'ils prennent du recul, qu'ils se sentent libres de s'aérer l'esprit. Qu'ils partent voir ailleurs, autre chose. Et qu'ils reviennent ensuite. Parce que sans eux, ce serait l'enfer. Notre amitié existe, profonde et forte. S'ils n'avaient pas fait ce choix, cette colocation singulière, rien n'aurait été possible.

Surtout pas le Sud.

Comment leur rendre cela ?

CHAPITRE 8

Peurs et tremblements

Damien

Trente-deux ans

C'est arrivé d'un coup, alors que je gis dans le lit des urgences de Perpignan où j'ai été admis quelques heures auparavant. Des tremblements d'une violence inouïe qui me secouent comme du linge pendu à une corde. Il doit être 20 heures, le petit filet d'air qui me restait tarit. Je cesse soudain de respirer. Mon corps devient silencieux. Plus de respiration, plus de palpitation. Je n'entends plus mon cœur battre. Même les soubresauts qui m'agitent par saccades ne produisent aucun son. Rien, juste un silence terrible. Je m'asphyxie sans bruit, alors qu'un dernier spasme me secoue. Ça part du ventre et ça remonte. Je perçois un mouvement sourd venu de l'intérieur qui s'interrompt. C'est tellement inexprimable. Ça paraît si étranger à moi que mon effroi se charge de terreur. J'éprouve une sensation d'arrêt, le temps me fige comme un insecte pris dans l'ambre, pétrifié dans la roche. Cette fois, c'est fini. Je viens de passer un cap, parce que l'extrême n'a pas de fin.

Impression d'assister à ma propre mort sans rien pouvoir faire. Il faudrait atteindre la sonnette pour appeler l'infirmière. Arrêter cette agonie. Je ne veux pas crever seul comme un chien, mais je suis infichu de bouger, juste bon à grelotter. De toute façon, ils mettent toujours l'éternité à venir. Brutalement, dans ce corps congelé, uniquement animé par les frissons, mon cœur s'est tu et je panique. Et puis quelque chose frémit. Dans l'essoufflement silencieux, car je lutte toujours pour aspirer l'air, je l'entends qui recommence, le bruit sourd qui part du ventre, qui remonte, mon cœur qui cogne. Paralysé par le manque d'air, les frissons et cette angoisse vertigineuse, je me prépare à un arrêt cardiaque, le black-out brutal ou une chute.

Cela fait des mois que je subis ces crises de tremblements aggravés de sueurs froides. Comme si mon corps était plongé dans de l'eau glacée, il se refroidit et semble geler. Je suis secoué de frissons violents, intenables. Puis je tremble, ma respiration s'accélère comme si je courais au maximum de mes forces et mon cœur se met à battre à toute vitesse. Une tachycardie. Ça a commencé d'abord le matin, entre 10 heures et midi, plusieurs fois par semaine. J'ai cru que ça passerait. Mais ça m'a pris le soir. Deux ou trois heures encore. Finalement, j'ai tremblé quatre fois par jour et parfois la nuit. J'ai pensé me tuer pour en finir avec ça. Trépidation-convulsion-secousse. Je ne sais comment décrire cette brutalité. Des images oui, tempête qui laisse la terre exsangue, arrachement, supplice long, interminable. J'ai pensé me tuer parce que chaque séance ressemble à une mort lente. Et chaque fois j'y survis. À devenir fou.

Ces derniers jours, je n'arrivais plus à manger. Après deux ou trois bouchées, ça repartait, les sueurs froides, les grelottements qui précèdent le pire. Ylian et Patrick me portaient dans mon lit sous le regard terrifié de Nicolas. Je suis descendu trop bas. En dessous de la barre des trente-quatre kilos. Je sais qu'il va se cacher dans sa chambre pour pleurer. Je le connais trop, mon frère jumeau. J'ai dû me décider à partir à l'hôpital. La seule pensée d'aller là-bas me soulève le cœur. Mais qu'est-ce que j'avais d'autre à proposer ? Supplier qu'on me laisse crever au lit ? Pour eux aussi, c'est devenu intenable. Me voir souffrir sans pouvoir rien faire, les repas interrompus, la peur en permanence. J'avais beau reculer le moment, je savais que c'était inévitable. Et même si je veux juste mourir tranquille, je ne peux pas leur imposer mon agonie. Surtout à Nicolas, qui a vu maman partir. Je me suis arraché les mots : « On va à l'hôpital, là, c'est obligé. » À Perpignan, les internes m'ont attribué un lit dans leur unité d'urgences. J'ignore combien de temps ça dure, mille ans, tout ce que je sais, c'est que ces secondes de douleur pure finissent par refluer. Lentement, les grelottements s'apaisent. Le souffle me revient, mon cœur repart. Deux infirmières déboulent dans la chambre, probablement alertées par leurs machines. « Aidez-moi à mourir. » Je dois avoir une mine de cadavre. Je suis trop choqué pour édulcorer ou chercher les paroles polies, adéquates. S'il vous plaît, mesdames, transfusez-moi la mort douce dans les veines… Et puis j'en ai marre de m'excuser tout le temps. Elles me regardent comme si je parlais chinois. Je poursuis en m'efforçant d'être aussi clair que possible : « La loi Leonetti autorise le double effet de la morphine. Je vous en supplie, demandez au médecin de me mettre en coma artificiel et qu'il me fasse partir. »

Au lieu de répondre, elles finissent de s'agiter autour des machines. Elles vérifient ce qu'il y a à vérifier puis sortent de la chambre. Elles doivent débattre de mon cas maintenant. Que vont-elles décider ? Sans doute rien, personne ne veut prendre ce genre de responsabilité. Elles m'enverront quelqu'un habitué à débattre avec les récalcitrants. C'est toujours la même chose… Elles imaginent sans doute que je délire sous le coup de la douleur, que demain j'aurai changé d'avis. Sauf que cela fait des mois que j'agonise. Je m'en fiche, du moment qu'elles m'envoient un médecin. Je l'attends, persuadé qu'il ne va pas tarder. Elles ne peuvent pas ignorer ma demande. Je suis prêt à répéter toutes les raisons que j'ai de vouloir mourir autant de fois qu'il faudra. La nuit passe. Personne n'est venu.

Le matin, un médecin passe me voir et me propose la visite d'une personne du service de soins palliatifs. J'accepte. Plus tard, un infirmier se présente. L'entrevue est courte. J'apprends juste que mes crises de tremblements sont dues à des décharges bactériennes. Cette fois, je ne demande pas d'aide pour partir car je connais la réponse. Mieux vaut éviter le terrain du « mourir digne ». Au fil des rencontres, j'ai appris à deviner quel degré d'écoute on est disposé à m'accorder, qui est attentif ou impatient, qui peut entendre et qui est imperméable, qui sera sensible ou dogmatique.

Plus tard, on me transfère en pneumologie. Comme on soupçonne une infection dans ma chambre implantable, les antibiotiques me seront désormais injectés dans les veines. Avec les tremblements et les sueurs froides, je ne suis pas certain de pouvoir endurer ça en plus. Alors je plaide, je prie, supplie. Je raconte la sensation d'arrêt cardiaque. Il n'y a pas moyen. Pas avec une infection probable de la chambre, au risque d'aggraver l'infection. Pas avec un malade aussi endurant que moi.

Ils me piquent. J'ai le système veineux ruiné par les années d'injections.

D'abord chercher une veine, bien cachée, ça fait mal. Et les antibiotiques, la sensation de feu ardent, malgré l'ajout du Doliprane. Et ça recommence quatre fois par jour. Je tiens trois jours avant que ma pauvre veine se change en caoutchouc et se mette à gonfler, comme un œdème. Les infirmières sont obligées de chercher une autre veine, encore plus cachée, de chercher entre les nœuds qui se sont formés tellement j'ai été piqué, transfusé, charcuté. La torture recommence. Et j'ai beau leur répéter que l'acharnement thérapeutique est interdit selon la loi Leonetti, je crie dans le désert.

Les effets secondaires des antibiotiques apparaissent. J'ai des nausées et je demande que les doses soient diminuées. La réponse du médecin est : « Non, c'est le protocole ! »

On me ferme la porte au nez…

* *
*

On ne peut pas convaincre un homme, fût-il médecin, d'abréger une vie. Chacun doit choisir s'il veut emprunter ce chemin. Dans les pays où l'euthanasie est légalisée, il existe une clause de conscience qui permet au personnel soignant de participer ou de se récuser. L'engagement est trop grave pour contraindre qui que ce soit. De la même façon, aucune loi ne devrait l'interdire. Mourir dignement et non comme une bête agonisante, ligoté, paralysé sur son lit en sentant peu à peu son esprit se défaire sous les assauts du mal. Ce choix fait partie de la liberté de conscience, inaliénable. Je ne veux pas d'un geste honteux et clandestin, mais d'une décision prise en plein accord avec l'équipe médicale. J'aime trop les hommes pour forcer quiconque à aller contre ses convictions profondes. Je ne demande pas « grand-chose » au regard de ce que j'ai souffert. Juste la possibilité de mourir serein. Savoir que la peur me sera épargnée.

On peut refuser cette aide pour des motifs éthiques, religieux ou personnels, mais l'interdire aux autres ? Au nom de quelle morale penserait-on à ma place ? Quel homme ou quelle femme opposé à ma mort assistée serait capable de tenir un seul petit mois dans ma peau, trente interminables journées à endurer ce que j'endure pour ensuite parler en mon nom ? Les médecins peuvent me conseiller, mais je suis seul à subir les conséquences de mes choix. Aucun pneumologue, aucun kiné ou soignant, personne ne sera jamais étendu à ma place. À suffoquer comme un poisson tiré hors de l'eau. Personne ne regardera la mort venir à ma place.

En décembre dernier, les choses ont commencé à bouger. Le rapport remis par les députés Alain Claeyes et Jean Leonetti préconise de rendre contraignantes les directives données par les patients. Il prévoit aussi une possibilité de sédation terminale, c'est-à-dire un endormissement profond conduisant à la mort, dans un certain nombre de cas. Mais cela sera-t-il une réelle avancée pour tous les patients concernés ? Ou devrons-nous encore contourner la loi si nous voulons mettre fin à l'insupportable ? Combien de temps devrons-nous attendre passivement que tout s'arrête ? L'arrêt de l'alimentation peut engendrer des complications…

Nicolas

À la maison, durant mes rares accès de courage, je m'attaque aux papiers. J'y consacre un jour ou deux avant de laisser tomber, écœuré. Mon quotidien est déjà trop envahi. Je n'ai pas envie de saboter le temps qui reste. Pourtant, je n'en fais plus grand-chose. Le soir, l'épuisement me ferme les yeux et la nuit arrive avec ses incertitudes. Est-ce que je vais tousser ? Est-ce que je vais réussir à dormir ?

La maladie envahit tout. Elle dicte mes jours et mes nuits, mes activités, mes intérêts, mes colères, et sûrement une bonne part d'inconscient. Elle a fait de moi cet homme qui lutte. Un épuisé qui rêve de se libérer du poids immense qui l'écrase lors des inflammations respiratoires. C'est là, continuellement, la souffrance quasi constante et la pensée – *Je suis malade* – qui ne laisse place à rien d'autre. Comment penser à autre chose ? Prendre du recul ? J'envie les sages qui peuvent se dépouiller de la colère parce qu'elle donne un goût d'amertume à toute chose. L'idée de la fin est déjà venue me hanter, pas tant ce qui vient après, plutôt le stade terminal. La douleur des derniers moments. Heureusement, cela reste rare. Mais j'endure trop de choses pour ne pas envisager le pire. Il suffit d'un rien, un soignant maltraitant ou simplement maladroit, une hémorragie pulmonaire qui m'asphyxiera, une greffe qui n'arrive pas. Mais, malgré tout, j'essaie tant bien que mal de rester optimiste, même si c'est parfois difficile.

J'aimerais aller voir ailleurs, faire des balades, visiter des expos, recevoir des amis, et je reste enfermé dans ma chambre, dépassé. J'aimerais prendre de vraies vacances, mais c'est trop d'organisation. Et puis l'argent manque. Et puis je ne suis même pas sûr d'être heureux. Ce que je voudrais, en fait, c'est un miracle, une halte. Arrêter de cracher et de souffrir, mais j'ai du mal avec le temps : il m'échappe quand je voudrais le voir durer et il s'éternise aux pires moments. Ceux où je souffre ou végète, incapable de rien faire. Le temps qui m'intéresse se réduit en peau de chagrin. Ces jours où je peux tenir debout et vivre vraiment sont bouffés par les soins, phagocytés par l'épuisement. Tout est gâché, souillé, saturé. Plus d'envie. Reste la rumination. Alors que je devrais me reposer, je ressasse les choses à faire, mes impuissances, dix mille projets remis, les rêves que je ne réaliserai jamais. Et je m'en veux.

Parce que ruminer, c'est encore laisser la maladie gagner. Je secoue furieusement la tête pour m'arracher ces pensées, les expulser comme le mucus empoisonné. Qui suis-je, en dehors des soins, des épreuves ? Quel homme j'aurais été sans la mucoviscidose ? Je hais cette sensation d'invalidité, mon manque d'envie, mon corps en plomb. Je hais de ne pas pouvoir tenir debout, de remettre à plus tard un footing, une séance de boxe, mes lectures, la flûte, ou savourer simplement le moment qui passe. Au lieu de ça, me voilà en train de ressasser mes frustrations. J'ai beau savoir que la fatigue entraîne le reste, je m'en veux. Même ma perception du temps est modifiée. Parce que le temps a un espace, un lieu que la maladie remplit à sa guise. Celle-ci occupe et écrase tout sur son passage. Un éléphant dans un couloir. Plus ça va, moins j'arrive à maîtriser son passage.

Je consulte la pendule. La journée est presque finie et je n'ai rien pu terminer. Ni les choses que j'aime ni les corvées en suspens. Je n'arrive même pas à ranger ma chambre. À quoi bon gâcher ce temps qui me fuit ? Mon bureau est en bordel, les étagères débordent de bouquins entassés et pourtant je ne lis plus. Je sais que je dois avoir des dizaines de mails en attente, tant de choses à finir, de gestes à faire, si mécaniques, dénués de plaisir. Je veux voler, sauter en parachute, voir du pays, monter sur des sommets, écouter des opéras, reprendre la flûte traversière, lire des milliers de livres, forcer mes muscles, prendre du poids, aimer une femme, apprendre le qi gong, boxer, respirer, méditer, et je tourne dans cette chambre pour préserver mes forces. Seul le présent existe. Et c'est la maladie. Dès que je relève la tête pour fixer l'avenir, je vois quelque chose de flou et totalement incertain.

Damien

Je pourrais me jeter du pont d'Amélie ou ingérer de l'insuline à forte dose et sombrer dans un coma mortel. Ou bien encore m'ouvrir les veines bien proprement. Sauf que ça n'a rien de propre. Ce serait même cauchemardesque pour ceux qui me découvriraient. Les idées vont et viennent dans ma tête, horriblement séduisantes. Le pont… À bien y réfléchir, je ne suis pas certain d'avoir le courage de me jeter dans le vide. Imaginer l'impulsion, la panique pure, impossible de revenir en arrière, les secondes de chute et puis le choc. Est-ce qu'on sent son corps s'écraser ?

Le coma ne me paraît pas tellement mieux. D'ailleurs, rien ne m'assure que je ne serais pas sauvé in extremis par les médecins. Au risque de traîner des séquelles irréversibles. Ce serait le comble de l'ironie. Bien sûr, je pourrais toujours prendre le pari, sous prétexte que la foudre ne tombe pas deux fois au même endroit, mais j'en ai suffisamment bavé pour mille vies. Quand je ne suis plus que douleur et suffocation, les images suicidaires tournent en boucle. Pourtant, je n'ai jamais atteint le point de bascule ni accompli le geste nécessaire. Ce qui m'arrête, finalement, c'est ce doute. Je ne veux pas mourir sans connaître les conséquences. Mourir sans savoir si j'aurais mal ou peur. Si je me rate ou pas. Comment ça tournera. Je veux une belle mort. M'empoisonner, me couper ou sauter d'un pont, c'est encore une violence à subir, une de plus. Mon frère et mes amis connaissent mes idées noires. Ils savent aussi ce qu'elles cachent de lassitude, d'espoir de paix. Combien de fois dit-on sans y penser : « Je n'en peux plus » ? Combien de fois est-ce absolument vrai ?

Je n'en peux vraiment plus. Et malgré cela, je survis, ma conscience affolée de douleur dans un corps rétréci, amaigri au point de trembler au moindre courant d'air, à la venue du soir. Émerge alors une autre tentation, celle de me faire entendre. Les trois dernières années ont été si dures. J'aimerais alerter les médias. J'aimerais que les journalistes viennent témoigner de ce qu'ils ont vu et compris. Envie de les attacher à mon lit, là, maintenant, qu'ils en prennent plein les yeux et traduisent ça en mots, ma réalité, cette survie inhumaine, indigne. Je n'ai jamais sauté le pas. D'abord parce que je suis consciencieux et que j'ai besoin d'aller au bout de mes engagements. Et puis je suis un battant. Oh, certains pourraient rire du piètre guerrier que je fais, décharné, les yeux luisants de fièvre et aussi léger qu'une plume. Et pourtant, il faut une force presque surhumaine pour traverser ces années de maladie.

CHAPITRE 9

Se battre, jusqu'au bout

Nicolas

Trente-deux ans

En 2012, en France, sur dix-sept mille demandes, seules cinq mille vingt-trois greffes ont été réalisées. Le don d'organes, pourtant, sauve des vies. Avant même d'en faire un sujet de débat, la vérité est là, dans ces existences sauvées ou condamnées. Faute d'organes, des malades gravement atteints meurent. Le temps d'attente sur la liste nationale gérée par l'Agence de biomédecine est encore trop long. Même s'il y a eu bien des progrès. Pour les patients atteints de mucoviscidose, le prélèvement n'est possible que dans des circonstances précises : traumatisme crânien, accident vasculaire cérébral, arrêt cardiaque, autrement dit une mort encéphalique brutale du donneur. Cela concerne moins de un pour cent des personnes qui décèdent à l'hôpital.

Sans veto déclaré, on est considéré comme donneur, à condition toutefois que la famille ne s'y oppose pas. Si on rejette toute idée de prélèvement, il suffit d'en faire part autour de soi ou de s'inscrire au registre des refus. Un tiers des prélèvements n'a pas lieu : soit à la suite d'un avis clair et net, soit par ignorance des souhaits du défunt. Beaucoup de proches, en effet, préfèrent s'abstenir par précaution. En cas d'incertitude, le médecin peut trancher. L'ignorance de la loi ne joue pas en faveur des dons. Il faut faire connaître sa position, témoigner haut et fort. La Fondation Greffe de vie est très claire : « Lorsque le sujet a été discuté au préalable, si douloureuses que soient les conditions de cette mort, les choses sont simples. [...] Chacun doit se poser la question du don d'organe et réfléchir à ce sujet. Lorsque notre décision est prise, il est important de la faire connaître à nos proches pour qu'ils puissent en témoigner. De cette façon, notre volonté sera respectée. »

La Fondation a créé un passeport de vie. Une carte de donneur potentiel qui témoigne de son engagement. De la même façon, on peut se procurer une carte à l'Agence de biomédecine.

La Fondation Greffe de vie dit encore: «Face à l'incertitude, à l'injustice et à la douleur qui l'accompagne, il faut entendre et comprendre l'annonce de la mort puis accepter de penser aux autres, ceux qu'on ne connaîtra jamais, qui resteront des ombres suspendues à la vie en attente d'une greffe salvatrice. La tentation est grande de balayer d'un revers de main cette difficulté supplémentaire.»

Quand on est sous le coup du deuil, le plus rude consiste à prendre une décision incertaine. Le geste n'est pas anodin. Il implique une forme de sacrifice qui vient s'ajouter au déchirement. En revanche, respecter le vœu de celui qui vient de perdre la vie adoucit le chagrin. Quand notre mère est décédée d'un accident vasculaire cérébral, mes frères, ma sœur et moi avons accepté le prélèvement de ses reins. Qui mieux que Mimi connaissait la valeur d'une greffe ! Elle aurait donné sa vie pour nous sauver. Dans la mort, elle pouvait au moins offrir ses reins. Accepter cela, même plongé dans le chaos du chagrin, c'était encore lui rendre hommage. L'espace d'un oui, ce geste nous a sauvés d'un trop grand désespoir. Elle l'aurait voulu ainsi.

Nous sommes tous les deux, Damien et moi, très favorables à la greffe des poumons.

Comment imaginer qu'un malade atteint de mucoviscidose serait contre un meilleur possible ? Une greffe réussie est une renaissance. Tous les témoignages que nous avons recueillis sont les mêmes. Du jour au lendemain, le patient se met à respirer. Il peut retravailler, avoir des enfants, voyager, réaliser des projets. Pendant des années, il a lutté contre le mucus et l'asphyxie, et voilà que subitement il remplit ses poumons sans lutter. Il respire. Plus de kiné, plus d'oxygène à trimbaler. Ce prodige, que la plupart des gens vivent sans même y penser, nous l'avons espéré trente ans, à chaque crachat, chaque intraveineuse, chaque quinte de toux. Nous l'avons supplié chaque fois que nous luttions contre l'étouffement.

L'espérance de vie est sans doute incertaine. Mais à l'intérieur du thorax, les sacs infectés de mucus font place à des poumons neufs qui se gonflent et se dégonflent, souples, incroyablement élastiques. Plus de pierres dures qui vous transpercent. Plus de feu ardent qui consume. L'air pénètre sans résistance. Des poumons qui respirent, incroyable prodige, la sensation de légèreté, l'ivresse, la joie de refaire des gestes devenus impossibles. Retrouver le goût, l'odorat. Dormir enfin, d'un sommeil réparateur, paisible. Et se réveiller le matin plein de vitalité. Bien sûr, le miracle a son prix à payer. Les chiffres le prouvent. En premier lieu, les candidats à la greffe doivent remplir certaines exigences, notamment un poids minimum. Damien, par exemple, est largement en dessous de la limite. Ensuite, il y a les risques. L'espérance de vie est de huit à dix ans, raison pour laquelle seuls les cas lourds tentent leur chance. Mais cette moyenne augmente doucement chaque année, ce qui laisse un grand espoir. Le danger est double : risque de rejet qui perdure des années et complications liées au traitement antirejet qui peuvent entraîner des conditions de vie pénibles. Disons-le clairement : la greffe est une autre forme de maladie.

L'alternative n'est pas facile. Elle engage ce qui nous reste de vie. Nous y avons longuement réfléchi. La greffe serait l'acte médical de la dernière chance. Le pari est risqué, un quitte ou double. La mort ou l'émerveillement d'une renaissance. Mais les patients greffés le disent, l'expérience en vaut la peine. Le début peut être difficile, mais un grand soulagement s'ensuit. Et les traitements antirejet s'améliorent.

Les délais d'attente ainsi que la prise en charge et le suivi ont aussi considérablement progressé grâce aux projets de recherche et au soutien des associations Grégory Lemarchal et Vaincre la mucoviscidose.

Damien

Au mois de juillet 2012, j'écris au président de la République, François Hollande. Mes crises d'allergies aux antibiotiques se sont multipliées. Les compléments très riches en protéines me causent de fortes diarrhées. Au lieu de prendre du poids, je suis descendu à trente-trois kilos. Échec total, douloureux. Mon organisme est saturé de traitements, gavé de chimie… Je redoute la prochaine dégradation. Et surtout la déchéance inéluctable. J'ai peur d'avoir à en supporter davantage. Chaque fois que j'ai cru arriver au bout de ma résistance, il y a eu un autre pas, une autre dégringolade. Nous ne savons rien de nos limites avant de les expérimenter dans notre chair. Souffrir autant me paraît inhumain. Contraire à toute dignité. Taraudé par cette angoisse, je vais m'asseoir devant mon clavier. Je veux qu'on me donne la possibilité de choisir ma mort. C'est au président de la République que j'en appellerai.

Cela me prend des heures. J'explique la mucoviscidose dont je suis atteint. Assortie d'un diabète et d'une hépatite C. J'évoque les détails de la pathologie et l'acuité de mes souffrances. L'épaississement anormal du mucus des bronches a engendré des infections à répétition qui ont détérioré le tissu pulmonaire. Il a entraîné des lésions irréversibles, responsables de la détresse respiratoire. Au fil des années, à force de traitements lourds et de soins éreintants, le corps s'épuise et nous fait endurer une lente agonie. Je raconte l'absurdité de vivre cet enfer. Le sentiment d'être devenu esclave de la maladie. Je précise qu'il me reste entre vingt-deux et vingt-neuf pour cent de capacité respiratoire, que je tiens à peine debout avec mes trente-trois kilos, que mon appareil digestif n'assimile pas les nutriments. Or, malgré la déchéance et la mort annoncée, je ne peux pas décider de ma fin de vie. Idéalement, les possibilités qui me restent sont au nombre de trois : la greffe pulmonaire, les soins palliatifs ou une aide active à mourir. Cette dernière solution est illusoire puisqu'elle dépasse le cadre de la loi Leonetti. J'aimerais avoir le choix. Je ne veux pas endurer ces souffrances intenables. Même en coma artificiel. Je ne veux pas non plus m'asphyxier. J'explique que ma priorité est de guérir. Je ne peux nier la mort et je refuse d'être à la merci de médecins qui statueraient à ma place pour ma vie ou mon trépas. Le dernier mot me revient. Je suis seul à savoir ce qui me convient ou pas. Même torturé, réduit à presque rien, je m'appartiens encore. Personne n'a à juger de ce qui me reste à vivre. Personne ne peut estimer ma souffrance et décider de la fin. En tant qu'homme lucide et conscient, je souhaite pouvoir exprimer librement mon choix.

Je rappelle au président sa vingt et unième proposition, pour que « toute personne majeure en phase avancée ou terminale d'une maladie incurable provoquant une souffrance physique ou psychique insupportable et qui ne peut être apaisée puisse demander dans des conditions précises et strictes à bénéficier d'une assistance médicalisée pour terminer sa vie dans la dignité ».

La mucoviscidose n'est pas une maladie propre. Les malades vont se dégrader, atteindre des paliers de souffrance intenables et puis les dépasser. Ils vivent un supplice sans en voir la fin. Et si les antalgiques censés soulager la douleur sont inopérants, ils éprouveront une détresse inouïe que personne, aucun bien portant, ne peut imaginer. Quand la souffrance dépasse le seuil acceptable, on doit pouvoir décider d'en finir. Abréger la torture. Se délivrer de l'enfer. Cette seule possibilité soulage. Elle procure même des forces supplémentaires qui peuvent faire des miracles. Comment expliquer le calvaire de l'homme à qui on refuse de maîtriser sa propre mort ?

Aux Pays-Bas, en Suisse ou en Belgique, l'aide active à mourir est légalisée et les soins palliatifs sont plus développés. Beaucoup de patients, pourtant, ne vont pas au bout de leur demande. L'apaisement de savoir que leur volonté sera respectée augmente leur résistance à la maladie. Leur qualité de vie s'améliore. Des commissions d'évaluation ont noté un meilleur confort psychologique et physique chez ces patients. Tout cela, je l'explique. Je conclus cette longue lettre sur l'idée qu'une loi protégerait des dérives en mettant la volonté du patient au centre du dispositif, comme le prône l'ADMD. L'euthanasie existe aujourd'hui. Elle est pratiquée illégalement à travers tout le pays. Sans aucun contrôle. Ce flou n'est pas acceptable.

Il nous faut très vite une loi sur la fin de vie et l'aide active à mourir.

Un mois après avoir envoyé ma lettre, le 4 septembre 2012, je reçois une réponse du chef de cabinet de François Hollande. La lettre est longue et étayée. Cela démontre que le sujet préoccupe le chef de l'État. Je ne me trompe pas. Suite à un nouveau courrier, je reçois une réponse du président en personne le 31 juillet 2013. Il me dit toute sa compassion et me remercie. De sa longue lettre, je retiens une phrase « ... votre souhait d'avoir le droit de mourir ou de demander la mort lorsque vous estimeriez le moment venu et ceci pour vous aider à vivre mieux la vie qui est là aujourd'hui... » Ce sont des mots qui sonnent juste. Cela me touche infiniment. Je ne m'attendais pas à une lettre aussi personnelle. D'une certaine façon, sa réponse me convainc que tout ce pour quoi j'ai lutté a un sens.

Nicolas

Deux ans maintenant que nous habitons à trois quarts d'heure de la mer. Pourtant, je ne me suis jamais baigné. J'ai bien fait une tentative l'an passé, mais je n'ai pas pu. Trop maigre, trop frileux, trop fatigué, j'ai laissé Ylian et Patrick y aller sans moi. Cette fois, je suis décidé. Ylian est partant pour m'accompagner à Leucate où Marc, son ami, nous attend. Le temps est idéal, chaud et beau. J'ai pris mon maillot et je verrai bien sur place. On prépare les médicaments, les serviettes, de quoi se changer. L'effervescence me tourne un peu la tête. Toujours peser, évaluer le meilleur équilibre possible. Si je m'épuise, je n'aurai pas le courage de me baigner. Mais si je ne vide pas mes poumons avant la plage, ils risquent de me gâcher la journée.

On arrive à l'heure du déjeuner. Je me sens déjà plus léger d'être sorti de ma tanière. Je mange lentement, pour assimiler les aliments. La plage de Leucate est à cinq minutes en voiture. En marchant, le trajet prend à peine le double. Pas question, pourtant, de perdre une parcelle d'énergie sous le soleil de plomb. Le rivage de sable s'étire sur plusieurs kilomètres. Sensation que tout est vaste, la chaleur plus enveloppante. Le ciel bleu est éclatant et limpide, le soleil chaud et sa lumière silencieuse et apaisante. On choisit un endroit relativement tranquille. Marc plante le parasol. Je m'assois à l'ombre, en maillot. C'est étrange de me rendre compte que mon corps n'est plus objet d'investigation médicale. Juste un corps de baigneur. Cela fait si longtemps ! Je m'enduis de crème avec l'aide d'Ylian. Je veux aller à l'eau pendant que j'ai assez d'élan. Les garçons plongent sans une hésitation. Moi, j'en suis incapable. J'entre dans la mer à petits pas, en frissonnant. Je suis devenu d'une sensibilité exacerbée. Je mouille ma nuque, mon visage. Je goûte le sel mêlé à la crème solaire. Le contraste entre la brûlure du soleil et l'eau qui me monte à la taille me paraît incroyable. Enfin je me décide, je plonge et le froid me saisit tout entier. Aussitôt, sans réfléchir, je me mets à respirer en « petit chien », par saccades. Assez longtemps pour reprendre la maîtrise de mon souffle et m'accoutumer au changement. J'ai perdu l'habitude des chocs de température. Et celle de nager, de me laisser porter, tout bêtement… Après quelques mouvements de brasse, je sens que la mer m'accepte, ou bien c'est moi qui m'abandonne. Je plonge la tête sous l'eau, plusieurs fois, simplement pour me sentir immergé, malgré la douleur qui me vrille les oreilles. Je ne nage pas vraiment, je n'en suis pas capable. Je veux préserver mes forces, savourer simplement le fait d'être là, en vie, sur cette plage. Sans penser à ce qui m'attend : la kiné sautée, la nuit à venir, l'hypoglycémie (en cas de fatigue, la crise n'est pas si rare). De toute façon, Ylian et Marc me surveillent de près.

Au bout d'un moment, l'eau devient délicieuse. Je flotte, en apesanteur, et plus rien d'autre n'existe. Vingt minutes pour oublier, me sentir hors du temps et de la maladie. Presque normal. Un nageur parmi d'autres. Juste plus prudent. Je suis traversé de pensées fugaces… fatigue… quels risques… savourer… j'aurais dû venir avant… kiné… pourquoi moi ?… profiter… la mer… m'engloutir… oublier…

Au bout d'une vingtaine de minutes, on retourne à nos serviettes. Je sens une bonne fatigue infuser mes muscles. Des nuages légers planent ici ou là dans un ciel immense. Sous le parasol, la température est idéale. Chaude sans être étouffante. Je ferme les yeux, bercé par le bavardage d'Ylian et Marc, le clapotis des vagues, la rumeur de la plage. Une onde d'apaisement m'envahit, si rare et précieuse que je ne bouge pas de peur de briser quelque chose. Il y a une part de miraculeux à la perfection de l'instant. Une grâce si rare dans mon quotidien. Juste goûter l'incroyable bien-être.

De retour chez Marc, je fais une kiné respiratoire. La baignade m'a permis de prendre du recul. Un petit miracle. Ce soir, on a rendez-vous au restaurant, à Leucate Village, avec Claudia, la sœur de Marc que je n'avais pas vue depuis un moment. Je m'entends bien avec elle. Elle est un peu fofolle, rit beaucoup et son énergie est contagieuse. On mange une pizza en terrasse. La foule des estivants est joyeuse. Un groupe joue sur l'esplanade. Je me nourris de ce mouvement, de la musique, des lumières, du brouhaha nocturne. Encore un plaisir oublié. À Amélie, le calme est parfait. On ne sort plus guère le soir à cause des soins. Une copine de Claudia arrive. Je me sens ailleurs. Déconnecté de la mucoviscidose. Cela me procure une sorte de vertige léger, grisant. Après le dîner, on se rapproche. Ils jouent des reprises. Le public adore.

Cela faisait des années que je n'avais pas passé une journée pareille. Ylian et Marc sont ravis. Ils me connaissent assez pour savoir à quel point c'est bon. Sur la route du retour, à demi somnolent, je me répète que je dois sortir de cet enfermement où la maladie me tient. Me changer plus souvent les idées. J'ai besoin de cette énergie pour continuer le combat.

Damien

Il est seize heures, parfois un peu avant, rarement plus tard. Je referme la porte. Déjà mes muscles sont bandés. Ma pensée se résume aux gestes à accomplir. Le vide se fait. Je m'installe au bureau dans le fauteuil tournant rembourré d'un coussin. Je ne peux pas tenir longtemps assis sans souffrir. Plus assez de graisse et la peau sur les os. Ma chambre est pleine à craquer de livres. Remplie aussi de mes peintures, dessins et collages. Je laisse filer mon regard une seconde pour me donner du courage. J'effleure la photo de ma mère, la silhouette aux chakras tournoyants que j'ai affichée près du lit. Mon univers. Je branche la VNI (ventilation non invasive), j'enfile le masque à oxygène relié à la machine qui me couvre le nez et la bouche. Son bruit sourd scande mes séances désormais. J'ai appris à l'oublier. Cela fait quelques mois que je l'utilise. Cette VNI a supprimé mes douleurs cardiaques pendant la kiné. L'effort déployé pour ces séances est désormais moindre. Je ne pourrais plus m'en passer. Nicolas, lui, n'en veut pas. Il dit qu'il est déjà assez encombré. Ce serait une machine supplémentaire, encore une dépendance. Moi, ça m'aide à aller chercher les glaires.

Mon regard se porte à la fenêtre, vers les montagnes. Le ciel est d'un bleu intense, sans un nuage. Les sapins se découpent dessus en vert sombre. Je respire. L'oxygène affluant dans la trachée fait monter les prémices de la toux. Elle vient de loin, enkystée comme une tique au plus profond de ma chair avec son roulement sourd, étouffé par la distance. Je continue à observer le ciel, aussi loin que ma toux enfermée dans les poumons. Et je respire. La toux monte, trop médiocre pour produire quoi que ce soit encore, sauf la douloureuse et lancinante brûlure dans la trachée. J'ai posé les mains sur mes genoux. Elles sont calmes, paisibles comme des mains au repos. Seuls les muscles utiles à l'expulsion du mucus travaillent. J'éprouve un calme de surface et je l'approfondis en regardant le bleu du ciel.

Mon corps semble se resserrer sur la montée d'une quinte rauque, pas assez puissante pour expulser le mucus, mais suffisamment pour provoquer une aigreur sèche. Mon regard vacille, se brouille. Je l'abaisse vers le sol, à l'intérieur de moi. Je tousse pour rien. C'est encore trop tôt. Je reprends mon calme, pas vraiment mon souffle. Je m'efforce de respirer dans le masque en laissant venir l'affreux besoin de cracher. La pression se fait impérative. L'accalmie se fissure à nouveau et m'ôte la vue. Ébranlé dans tous mes os, je laisse la houle monter et je tousse, durement, profondément. Fausse alerte. Le mucus est encore coincé trop bas, dans mes poumons desséchés. Je les vois comme deux pierres arides et renfrognées. C'est reparti : sérénité, fixer l'horizon, le bleu du ciel, mon âme là-haut, quelque part, inspiration profonde, ça brûle et gratte, je continue, concentré, j'expire, longuement, une quinte forte, le calme fissuré par l'effort, mes poumons déchirés, regard au loin, inspiration, expiration, la toux vient et cette fois le mucus envahit ma gorge. Ma main est sûre, malgré le manque d'air. J'empoigne le gobelet, je lève le clapet et je crache le mucus, puis je referme le gobelet, mon autre main masse le plexus tout endolori. Je connais chaque geste à faire. Ça recommence. Inspiration-expiration, soupir profond, la barre d'horizon, le ciel, tranquille, plus bas mon corps brûle, la toux déchire, je me redresse, je reprends haleine avant de repartir. Cette fois, le mucus vient plus vite. Je crache, remets le couvercle, repars. Tout s'est concentré, intensifié. Pourtant, je veille à garder le rythme. Même raccourci, il ne faut rien précipiter. Je regarde le ciel puis à l'intérieur de moi pour aider les glaires à sortir. C'est une cadence à trouver autour du souffle laborieux.

Tout s'accélère brusquement. Le paysage disparaît. Je suis tout entier concentré dans le besoin d'expulser, la délivrance. La toux s'apaise, le mucus est resté coincé, mon regard repart. Le troisième crachat est plus violent. Je dois en expulser six. La moitié du chemin. Je me mouche, j'essuie soigneusement l'embout du masque, mon visage. Mon corps s'est habitué à l'impossible. Ce soir, vers 22 heures, il faudra recommencer. Et demain après-midi, vers 15, 16 ou 17 heures. Et encore le lendemain. Jusqu'à mon dernier souffle. La quinte suivante fait remonter le mucus de très loin. Un vertige me prend. J'ai le cœur si lourd que je peux le sentir peser dans ma poitrine. Je reprends le rythme, inspiration, expiration, souffler, tousser, aspirer, laisser venir, calmement. Je songe à l'acharnement thérapeutique et je repousse l'idée. Le cinquième est maigre, chétif, un crachat d'épuisé. J'oblige mon regard à se porter au loin. Le ciel bleu m'apparaît stable comme l'éternité, mais il pourrait tout aussi bien disparaître ou se charger de noir tant me dure ce temps infiniment long. Le dernier crachat est le plus lent à venir. Le plus dur aussi, mais c'est celui qui me délivre. Je n'ai plus de force, mais je n'ai pas le choix. Je tousse. Pas encore le moment. Je déglutis, je reprends mon souffle. Rien ne sert de vouloir forcer trop vite, je le sais, rien ne sert d'être impatient, de crier, de jurer ou de désespérer. Ce serait comme de vouloir vider l'océan à la louche. Quelques respirations et il est là. Je le vomis, le dernier crachat.

Je respire, les mains sagement posées sur les genoux. En apparence aussi paisible qu'un bouddha. À l'intérieur, laminé, épuisé.

* *
*

N'y aurait-il que la médecine académique pour soulager ses souffrances ? La nature recèle des trésors insoupçonnés pour réparer, corriger, stimuler, régénérer. Je cherche sans cesse, j'interroge, je questionne, j'apprends à connaître ma maladie dans ses moindres mécanismes : biologiques, génétiques, physiopathologiques. Il y a plusieurs années, j'ai établi une correspondance avec Françoise Cambayrac, une femme qui a gagné son combat contre la maladie grâce à un médecin hors norme. Son livre, *Vérités sur les maladies émergentes*, dénonce des scandales, comme la toxicité des amalgames dentaires au mercure, mais explore aussi des voies nouvelles. Elle pense immédiatement aux protéodies de

Joël Sternheimer, ce docteur en physique qui est aussi mathématicien, musicien, compositeur et interprète. La thérapie proposée par Sternheimer repose sur un principe simple : chaque acide aminé entrant dans la composition d'une protéine émet une onde dont il est possible de calculer la fréquence et qui peut être transposée en note. Au bout de la chaîne, on obtient une mélodie originale, expression sonore de la protéine. Et si écouter cette mélodie pouvait stimuler, voire régénérer les protéines défaillantes à l'origine de certaines maladies génétiques ? En février 2013, je démarre une expérience avec Pedro Ferrandiz, le directeur de la société Genodics créée par Sternheimer. Nous échangeons par Skype pour un test. Pedro me répète qu'il faut être à l'écoute de son corps lorsqu'on entend les protéodies. À la première, je ne suis ni emballé ni rebuté. Je m'oublie, j'écoute les sons. La deuxième et la troisième sonnent bien, elles me bercent et je lui en fais part. Alors que la quatrième commence à peine, mon esprit soudain se fige. Il se passe quelque chose de très fort à l'intérieur de mon corps, la sensation d'une cohérence indescriptible, une harmonie totale qui m'enveloppe, me saisit tout entier. La mélodie terminée, je m'adresse à Pedro :

— À quoi correspondait cette protéodie ?

— Un fragment de la protéine CFTR, me répond-il. Celle qui te manque et qui est à l'origine de ta maladie.

Aussitôt de retour dans ma chambre, je sens les larmes monter, m'envahir. Je ne veux pas craquer, je suis trop fragile pour ça, mais l'émotion est trop forte, j'éclate en sanglots.

Les jours suivants, j'écoute en boucle cette mélodie, comme si je venais de retrouver la joie. Je ne me fais pas d'illusions, cette petite musique ne me guérira pas. Il faudrait la séquence entière pour que je puisse évaluer et ressentir si elle peut contribuer à un réel réveil physiologique et chimique : plus de cinq mille notes à déchiffrer, impossible ! Ce fragment est pourtant déjà un cadeau. Vibrations vitales, bienfaisantes, inespérées. Comme il a été bon de l'entendre ! J'ai l'impression que cette mélodie est vitale pour moi. Une sève dont j'aurais manqué. Je ne m'attendais pas à une telle réaction émotionnelle.

Nicolas

Je me regarde dans le miroir, je tente d'être juste. Brun, traits réguliers, teint pâle et yeux marron. Il m'arrive encore de me trouver pas mal, plutôt beau brun. D'autres fois, je me vois bossu, décharné, déformé par le mal. Mon ventre si plat s'est légèrement renflé à cause de décennies d'irritation. Je n'arrive plus à tenir complètement droit sans effort. Mon visage s'est creusé. Mes yeux brillent d'une souffrance accumulée. Mes côtes sont apparentes, aiguës. Avant, non. La maladie qui creuse et bosselle a taillé dans ma chair. Mon torse s'est bombé. Il m'arrive de détester ce corps tordu par les années de maladie. J'ai trente-trois ans, bientôt trente-quatre, je devrais être vigoureux, débordant d'énergie. Mon regard a vieilli. Je me sens fragile. Une écorce vide. J'ai peur d'avoir des cicatrices si le mal s'aggrave. De voir apparaître des plaques foncées sur ma peau. C'est dur à faire partir. Dur d'être malade à mourir. Je sais que le bonheur a besoin de vigueur pour loger dans cette carcasse. Ne pas désespérer. Trouver une raison. Il est primordial que je continue le sport, ça m'a permis de stabiliser ma santé depuis plus de dix ans. Mais c'est de plus en plus dur. Les traitements antibiotiques sont de moins en moins efficaces à cause de la résistance des bactéries.

Pour Damien, la souffrance a triplé ces derniers temps. C'est beaucoup, trois fois l'intenable ! Il pèse moins de trente-cinq kilos. Il ne peut plus peindre ni jouer du piano. Même la lecture lui coûte. Pendant les sorties, on prend un fauteuil roulant. Sa vie se résume à son traitement, ses douleurs et les efforts pour se maintenir. Je déteste chaque nouvelle marque de déclin. Je sens presque physiquement les kilos qui lui manquent, leur poids d'angoisse accablant. Chacun dans son coin, nous faisons bonne figure, histoire de ne pas rajouter à l'inquiétude. Mais personne n'est dupe. Vertige de la gémellité quand il s'agit de trouver l'équilibre entre l'espoir et la terreur. S'il meurt, quelque chose mourra aussi en moi. S'il ne meurt pas, alors il faut se résigner à le voir dépérir. Mon frère est tantôt une force, tantôt une fragilité. Tantôt la plus grande joie, tantôt la douleur.

Il dit qu'il n'en peut plus. On est dimanche, jour du Seigneur et du repos, jour un peu morne des boutiques fermées, des promenades sans but. Pour nous, des heures qui se ressemblent toutes, à chercher de l'air et à vider nos poumons. Damien est sur sa chaise, les mains sages posées sur les genoux. Il répète qu'il n'en peut plus, qu'il abandonne le combat. Vivre dans ces conditions n'est plus possible. Vivre, ce n'est pas ça. Il m'a tant de fois avoué son envie d'en finir. Surtout depuis qu'il a perdu du poids. Une plume, mon frère, si maigre qu'il n'a plus de force que pour durer. Je sais qu'il rêve de partir doucement. Que ses limites sont dépassées depuis longtemps. La torture des tremblements et des sueurs froides. Aucun répit. Il me dit ça, assis sur cette chaise, le visage ravagé par la souffrance. En état de choc. Ce n'est pas la stupeur d'un coup inattendu, au contraire, c'est la douleur familière, intolérable, réitérée. Il le déclare d'un ton lent et calme. Pénétré d'une rage intense. Personne ne veut qu'il parte et personne ne peut l'empêcher. Ses paroles m'écartèlent le cœur.

Il dit encore : « Hors de question de continuer comme ça. » Ça fait des années que ça monte. Je reconnais ses paroles, ses arguments. Et pourtant, chaque fois, l'effet est le même : une onde glacée qui me serre le cœur. Il souhaite en finir. Il sait que ce qui l'attend sera magnifique. Là, c'est tellement l'horreur, tellement ignoble, insupportable, ses limites ont été dépassées. Il dit enfin qu'on a tout fait pour lui. Qu'on ne doit pas lui en vouloir. Il nous aime, mais il s'agit de son choix. Lui seul sait ce qu'il endure. Même moi, je ne peux que deviner. Damien préfère partir aux urgences, à Montpellier, parce que ça va empirer, il le sent. Il demande à l'un de nous trois d'appeler le 15. Ensuite, en attendant l'ambulance, Ylian ou Patrick l'aide à préparer ses affaires. Les secours arrivent. C'est tout le temps pareil : l'ambulance devant la maison, lui allongé qui s'en va sur un brancard, les yeux pleins de rage. Ce regard si particulier qu'il prend quand il n'en peut plus.

Je sais tout cela… et pourtant je replonge dans le noir. Désespéré à l'idée qu'il meure vraiment. Ces maudits tremblements, je les redoute plus que tout. C'est la seule chose capable de le pousser à se tuer. Deux ans que ça se répète. Il y a des moyens d'en finir si on le voulait vraiment. Un cocktail de médicaments ou du cyanure pour ne pas se louper. Je crains qu'il ne passe à l'acte ou ne me rappelle notre promesse : en ultime recours, aider l'autre à mourir.

Damien

Il fait si froid dans cet hôpital de Montpellier. Les chambres ne sont pas bien chauffées et les antibiotiques qu'on m'administre en pleine nuit me congèlent le corps. Je suis à l'isolement, en bout de chaîne, pour éviter un risque de contagion des autres malades, et, avec une seule infirmière pour trente chambres, les soins me sont toujours donnés très tard.

Dans cette atmosphère glacée, une voix soudaine me réchauffe le cœur :

— Bonjour, Damien ! Comment ça va ce matin ?

Cette infirmière m'appelle par mon prénom. Qu'est-ce que ça fait du bien ! Elle est une des seules à le faire. Cette bienveillance me touche plus que tout. À son tour, mon aide-soignante entre dans la chambre. Elle est révoltée parce qu'on nous a supprimé les biscuits, les compotes et les fruits.

— C'est un des seuls plaisirs qu'il vous reste, et maintenant on vous en prive ! s'agace-t-elle.

En me donnant à boire, elle ajoute :

— J'aimerais pouvoir accorder plus de temps à chacun de vous, mais la surcharge de travail est terrible.

Comment apporter des soins de qualité si le personnel médical est stressé, pressuré ? Le soir, allongé dans mon lit, le dossier incliné, je repense à ces femmes si dévouées et aimantes. Je branche mon casque et me laisse bercer par de la musique classique. Je choisis un de mes albums préférés : « Live in Italy », de Cecilia Bartoli et Jean-Yves Thibaudet. Le disque commence par « Agitata da due venti », de Vivaldi, un hymne à l'amour et au bonheur. Mes muscles se détendent, les tensions s'apaisent, les poumons me font moins mal. Puis c'est « Piedi al soglio », de Rossini, qui provoque chez moi un véritable enjouement. La musique me met hors du temps, elle me transporte. Entendre le piano est si beau ! À la fin de chaque morceau, les applaudissements du public me bouleversent.

* *
*

Le 16 octobre 2013 est un jour particulier. Aujourd'hui, j'ai rendez-vous avec François Hollande. La rencontre se déroulera à la sous-préfecture de Céret par visioconférence. On a mis une salle à notre disposition puisque je n'ai pas pu me déplacer jusqu'à l'Élysée. Le rendez-vous a été pris il y a une quinzaine de jours avec un conseiller très chaleureux. Ce dernier m'a donné toute latitude pour évoquer les sujets de mon choix. Je ne peux pas rêver mieux : Nicolas, Ylian, Patrick et Lisette, une de mes deux infirmières chéries, m'accompagnent. Je suis assez confiant malgré l'excitation. On a tellement attendu cette occasion. J'ai préparé des notes avec les points à aborder, ceux qui me tiennent à cœur, la greffe, la lutte que je mène au nom de l'ADMD, le manque cruel de moyens des hôpitaux publics et la nécessité de développer les soins palliatifs. Il faut que je sois clair. Concis. Convaincant.

Nous arrivons peu avant 17 heures. Nous sommes accueillis par le sous-préfet qui nous conduit dans un bureau immense, équipé du matériel de la visioconférence. Le trac me submerge. Subitement, je prends conscience que dans quelques instants je parlerai au président de la République. Je m'assois. Je sors mes fiches d'une main fébrile. La pendule indique 17 heures et je ne suis pas encore prêt. Heureusement, l'écran reste vide. Ces quelques minutes me sont précieuses. Je respire aussi profondément que possible en me répétant que tout se passera bien.

Il est soudain devant moi, le président. Je suis troublé, impressionné. Pourtant, je ne me laisse pas l'occasion de trembler. Et puis François Hollande n'est ni hautain ni arrogant. Au contraire, il me met aussitôt à l'aise. Après l'échange des formules de politesse, je me jette à l'eau presque abruptement. Pour que les choses soient claires et surtout éviter de m'éparpiller, j'ai articulé une sorte de plan. Je sais qu'il connaît le sujet, mais j'ai préféré débuter par une rapide présentation de la mucoviscidose avant d'enchaîner sur la vie quotidienne et les soins. Le reste coule de source, la situation des malades, l'état des recherches, la nécessité d'aller plus loin dans les réformes, l'attention à ceux qui souffrent. Je reprends les points que j'avais soulevés dans ma lettre : les greffes et surtout l'espoir d'une loi. Notre entretien va durer quarante minutes, pendant lesquelles le président écoutera avec cette qualité d'attention que j'avais déjà discernée dans ses lettres. Tandis que nous discutons, une part de mon esprit se trouve happée par un sentiment d'irréel. L'homme qui dirige la France m'écoute et me regarde, moi, Damien Delmer. Ses réponses, concises et pertinentes, montrent qu'il est bien informé, soucieux de faire évoluer les choses. Il évoque la Fondation Greffe de vie, les campagnes en faveur des dons d'organes, mais surtout son souci des malades.

Me sentir écouté et compris me donne toutes les audaces. Pendant plus d'une demi-heure, presque sans interruption, j'évoque l'essentiel de mes convictions. Pas une seule fois je ne bafouille ou ne m'enferre. J'ai attendu si longtemps de pouvoir parler du besoin de dignité des malades et de la nécessité pour une société de protéger les plus vulnérables par des lois. J'évoque la psycho-neuro-immunologie qui fait le lien entre les événements psychiques, les émotions et le système immunitaire. Je martèle l'importance de dépasser la dualité corps / esprit et de remettre l'humain au centre. Et finalement je me lance dans un plaidoyer enflammé en faveur d'une législation qui prenne en compte l'aide aux mourants. Je conclus en répétant que je refuse d'aller mourir dans un autre pays que le mien. En clandestin, comme s'il y avait quelque chose de honteux à cacher.

François Hollande salue ma réflexion. Il a l'air surpris que je parle autant de vie, de dignité. Il paraît touché aussi. Ce sont des sujets qui lui importent, je crois. La profondeur de son écoute ne s'est pas démentie. Ses réponses ne sont ni hésitantes ni approximatives. Elles replacent le problème dans sa globalité. Il finit sur ses mots : « Vous êtes un très grand citoyen, Damien, gardez votre souffle ! Je vous souhaite une vie magnifique ! » L'écran devient noir. Derrière moi, les applaudissements explosent. Lisette se jette à mon cou et m'embrasse, partagée entre le rire et des larmes d'émotion. Je vois le regard de mon frère, brillant de fierté. Le sourire de Patrick et d'Ylian, aussi. On a réussi !

* *
*

En novembre 2013, je rencontre une pneumologue au centre de transplantation pulmonaire de l'hôpital Larrey, à Toulouse. Je veux évaluer la possibilité d'une greffe de poumons. Le médecin vérifie ma courbe de poids. Je pèse trente-neuf kilos. Son verdict est implacable : « Vous êtes beaucoup trop dénutri, dit-elle, il faut remonter en poids, le taux de réussite d'une greffe dépend d'abord de l'état nutritionnel du patient.» En quelques mots, mes illusions sont douchées, balayées. C'est comme un coup dans l'estomac. La semaine suivante, j'appelle le secrétariat du centre de transplantation pulmonaire de Marseille. L'infirmière coordinatrice me tient le même discours: «Vous êtes trop dénutri.» Puis elle me demande:

«Où habitez-vous?

– À Amélie-les-Bains, dans les Pyrénées-Orientales.

– C'est beaucoup trop loin. Il faut résider au maximum à deux heures du centre.»

J'essaye de rester zen. Je vais remonter la pente, reprendre du poids, je me le promets. Il le faut. Pour moi, pour Nicolas, pour tous ceux qui nous aiment. Je n'en veux pas au corps médical: il a joué la carte de la franchise. Dans mon état, le risque d'infection et de rejet est beaucoup trop grand. Mon cœur ne résisterait pas à l'opération.

Quelque temps plus tard, je vis un moment qui me redonne force et courage. Je suis à l'hôpital pour la pose d'un cathéter qui permet d'administrer des antibiotiques par voie intraveineuse pendant trois à six mois. Ce PICC-Line – c'est son nom – est un progrès considérable: plus besoin de piquer tous les deux jours. Les minidiffuseurs peuvent être glissés dans une poche et permettent une complète liberté de mouvement. Ils n'entravent aucun des gestes de la vie quotidienne. Seule difficulté : la pose elle-même. Il faut faire passer le tuyau par une veine du biceps et c'est toujours une épreuve.

Ce jour-là, Ylian propose de me tenir la main, mais les médecins s'y opposent. Je me prépare à rester seul quand une infirmière se dirige vers moi.

— Je peux vous accompagner pendant l'intervention par une séance d'hypno-analgésie, si vous le souhaitez.

C'est la première fois qu'on me propose une telle technique. Je connais bien l'hypno-analgésie : en aidant le patient à faire abstraction de la réalité, en induisant chez lui un état modifié de conscience, on réduit le signal de la douleur.

J'accepte immédiatement. Je suis installé sur le dos. L'infirmière est placée derrière ma tête. Elle pose les deux mains sur mon front et le masse délicatement.

— Fermez les yeux, essayez de vous détendre… me dit-elle d'une voix douce.

Je suis calme, totalement rassuré par sa présence.

— Concentrez-vous maintenant sur chaque partie de votre corps : les bras, le dos, les jambes, sentez tout leur poids peser sur la table. Votre respiration est maintenant calme, votre corps léger et détendu…

Le radiologue introduit la PICC-Line dans la veine avec une aiguille fine. Je ne sens absolument rien. L'infirmière poursuit :

— Vous marchez tranquillement en observant les arbres et la mousse verte qui tapisse la base de leur tronc, vous entendez le gazouillis des oiseaux, le bruissement des feuilles. Vous arrivez maintenant près d'une rivière que vous longez d'un pas aisé, serein, en écoutant l'écoulement de l'eau, ce son apaisant qui vous fait tout oublier…

Je suis sous hypnose, je ne ressens aucune douleur pendant ces vingt minutes d'intervention. C'est un succès ! Un moment de grâce. C'est tellement bon d'être aidé de cette manière. J'ai l'impression de retrouver ma dignité. Je rentre dans ma chambre, apaisé. Presque en jubilation.

Nicolas

Je ris, je hurle à pleins poumons, il faut bien que je le crache ce cri-là, une exultation si intense que ça doit sortir de moi et la terre n'est pas assez grande pour mes bras ouverts. Je crie tout, la vie, la mort, le triste, le beau, l'amer. Je crie de joie et je tombe comme une pierre.

Je suis oiseau, caillou ou juste le cri. Je tombe droit dans le ciel, de joie pure. Il a suffi d'une poignée de secondes pour passer de zéro à deux cents kilomètres à l'heure. On nous a répété chaque procédure en détail, des consignes de sécurité et quelques gestes à faire, très simples. Des bribes me reviennent, vitesse, amplitude, ouvrir les bras. Mon moniteur veille, solidement arrimé dans mon dos. Je n'ai éprouvé aucune appréhension au moment de plonger. Juste le soulagement de m'abandonner au vide. Il y a eu une sensation étrange, une aspiration si puissante que je l'ai ressentie dans mes organes. Deux ou trois secondes de pression avant que le corps ne s'adapte à la vitesse et à la sensation effarante de tomber sans finir, droit dans le vide, comme posé dessus, à deux cents kilomètres à l'heure ! Je vois sa main remuer « c'est OK ». Je bouge les doigts en réponse « OK ». Et je crie encore. J'entrevois un autre homme caillou qui braque son objectif vers nous, le cameraman chargé de faire la vidéo souvenir. Cinquante à soixante secondes de chute libre. Le monde se déploie alentour, sommets enneigés, mer curieusement vaste et plate, terre découpée comme une mosaïque et le ciel partout autour.

L'avion est monté à quatre mille mètres d'altitude. On était onze dans la carlingue, amateurs licenciés et tandems. Ylian m'accompagne. Il a sauté avant moi. Incroyable impression. Je sens physiquement le vide qui se fend pour nous laisser filer et l'air dans mes poumons, celui que je cherche partout, toujours. Je tombe, émerveillé, ivre, libéré de la pesanteur et du plomb, alors que le monde se déploie autour de nous.

Cela faisait des mois que l'idée me trottait dans la tête et l'envie a grandi. Sauter en parachute, je veux connaître ça avant de mourir. J'ai toujours aimé frôler mes limites et puis je suis curieux de savoir ce qu'on éprouve là-haut. Si j'aurai peur. Je suis presque certain que non. J'ai trouvé et choisi le centre Empuria Brava, en Espagne, non loin de la frontière, au pied du massif des Albères. Deux conditions à ce saut : il fallait que je sois en forme et que le temps reste au beau fixe. Mon médecin traitant a refusé de faire le certificat, étant donné ma faible capacité respiratoire. J'ai eu beau lui démontrer que j'avais skié à plus de trois mille mètres et que j'ai l'habitude des sensations fortes, il n'a rien voulu entendre. Il devait craindre que mon cœur n'éclate en plein vol. Pourtant, ce ne serait pas si tragique, non ? Mourir alors que je suis suspendu entre ciel et terre. J'ai demandé à mon pneumologue qui m'a délivré le sésame.

Hier, Ylian m'a annoncé que c'était pour aujourd'hui, le 13 décembre 2013. J'ai ressenti une joie d'enfant, la veille de Noël. Ça allait réellement arriver. Plus rien ne m'empêcherait de sauter. On a pris la route ce matin, par un temps magnifique. Au centre, on nous a présenté nos moniteurs, un catalan pour Ylian qui est parfaitement bilingue et un Belge francophone pour moi. On a répété les positions à prendre, écouté les consignes, revêtu nos vestes molletonnées – à quatre mille mètres, on perd vingt degrés. Puis on a endossé nos baudriers et on a embarqué dans un petit coucou. Saut prévu vers midi.

Je suis fébrile d'impatience. Sans aucune appréhension. Quand l'avion décolle, mon cœur bat à tout rompre. Un parachutiste expérimenté a enfilé une tenue de windsuit qui permet le vol plané. On se regarde avec des sourires complices. L'ascension est abrupte, assez bruyante. Ça sent le kérosène, une odeur légèrement écœurante. Les caméramans chargés de réaliser notre vidéo ont commencé à nous filmer, Ylian et moi. Les moniteurs demandent si ça va, si tout le monde est OK. L'avion grimpe pendant une dizaine de minutes. Ça secoue un peu. Il me tarde d'être arrivé. On nous fait signe de nous accroupir. Je dois tenir dans cette position jusqu'au moment de chuter. Inconfortable. J'ai l'impression d'être un sac de patates harnaché à un autre. Je me sens subitement oppressé. J'espère que je ne vais pas faire un malaise hypoglycémique. J'essaie de respirer aussi calmement que possible. C'est un rêve que je réalise. Mon corps ne va pas me lâcher maintenant. Il y a une tension soudaine dans l'habitacle. L'avion est stabilisé, porte ouverte sur l'abîme. Il faut gagner l'ouverture en canard. Mes muscles sont douloureux et je n'ai qu'une idée, éviter le malaise. On y est presque. Ce serait trop bête de caner maintenant. Les hommes crient et se font des signes en basculant. Puis Ylian disparaît avec son accompagnateur. C'est notre tour. Mon binôme vérifie la pression des liens. À son signal, je me laisse emporter.

J'ai tiré la langue pour avaler le ciel. Aussitôt, un courant glacé m'est rentré dans la bouche. C'est seulement à cet instant que je ressens le froid de l'altitude. Combien de secondes ont passé ? Je bats légèrement les membres pour mieux me sentir dans l'espace. Incroyable sensation de légèreté. Toujours aucune peur. Je suis partout dans l'espace, dedans et au-dehors. Ailleurs. Les mains de l'instructeur me tapent sur les pectoraux. « J'ouvre le parachute. » Déjà ? Je veux rester ici. Encore.

L'aspiration nous projette violemment vers le haut. Notre vitesse se réduit en quelques secondes. De deux cents à quelques dizaines de kilomètres à l'heure. Je crie de surprise et d'un début d'appréhension, tellement ça secoue après la chute libre. Bizarrement, c'est maintenant que nous sommes accrochés au parachute déployé en corolle que je ressens la précarité de notre position. Vulnérables, il suffirait que la toile se mette en torche ou qu'un lien se détache pour que nous tombions. Le Belge me crie que les sangles sont un peu trop serrées et qu'il va les détendre. Un frisson me secoue. Et s'il lâchait trop de mou ? Les bras tendus, il me montre maintenant comment tourner à la faveur du vent. Comme si on prenait appui sur les courants. Puis il me propose de prendre les commandes. Je glisse les mains dans les manettes et je me mets à virer. Une sensation immense qui me fait hurler de frissons…

Je suis un aigle aux ailes immenses. Le vent chante son bruissement à mes oreilles, l'air s'est réchauffé ou ce sont mes joues qui brûlent. L'ivresse est si forte que je voudrais que ça dure toujours.

Plonger. Je descends vers la terre. Soûlé de ciel et d'air.

CHAPITRE 10
Miroirs

Nicolas

L'enfance me manque. Les jeux avec les cousins, nos courses folles, les bords de l'Oise, le sourire de maman, les Noëls en famille quand notre père était encore à la maison, les marionnettes de Violaine ou les vaisseaux en Lego, et surtout cette joie pure qui nous traversait, Damien et moi, et nous mettait hors d'atteinte. Nous plongions dans le moment présent et rien ne pouvait nous arriver alors. Pas même la maladie et la mort derrière… Aujourd'hui, ça me manque, cette foi que rien n'ébranle.

J'ai toujours été athée. Je n'ai jamais cru au Dieu des religions monothéistes. Au fond de moi, pourtant, un doute résistait. Il y avait forcément quelque chose après la mort, une forme d'énergie, l'âme, les mots étaient simplement trop petits pour appréhender cette réalité. Ce que je sais clairement, en revanche, c'est que je suis créateur de ma réalité et de ce que j'ai reçu. Je ne peux accuser personne pour la maladie. Il m'arrive de me révolter contre les empoisonneurs de planète, la bêtise humaine, la maltraitance envers les animaux et les faibles, certains membres du personnel médical trop brutaux, mais chacun est responsable de ses choix, chacun doit se battre pour rendre le monde meilleur.

On s'épuise trop souvent à lutter « contre ». Contre la souffrance, contre les injustices, contre un rival ou une idée. Dans les arts martiaux, le guerrier utilise l'énergie de l'ennemi pour vaincre. À l'inverse, un nageur emporté au large par un reflux puissant se noiera s'il s'épuise à regagner la rive à contre-courant. La vague qui arrache l'homme à la terre et met sa vie en péril peut aussi le mener vers une libération. Je n'ai pas d'autre choix que de trouver un sens profond à la maladie et de m'ancrer dans le moment présent. À moins de me laisser couler. Mais facile à dire ! Je me heurte toujours à mes propres colères, parfois même à des éclairs de haine. La mucoviscidose m'a dépossédé de tant de choses. L'insouciance, l'amour d'une femme. Un métier. Des enfants. Les voyages…

Pourtant, il y a Damien. Lui, c'est le cadeau que la vie m'a donné. Damien est l'amour de ma vie. C'est un sentiment complexe. Sans sexe. Un amour de corps et d'âme qui transcende l'être. Fusion indescriptible qui n'enferme jamais et se réjouit de la liberté de l'autre. Lien impalpable, même à distance. On évolue au même pas, le souffle raccourci. J'ai connu mon frère avant les autres. Je l'ai touché avant de savoir distinguer ma peau de la sienne. Nous avons baigné dans la même eau amniotique, entendu les mêmes sons, reçu les mêmes nutriments. Avant de naître, nous vivions déjà en étroite connexion. Deux êtres au fond d'un ventre et une seule origine. Comment définir la force du lien tissé aux commencements ? Ce monde d'avant qui nous façonne ensemble. Étrange fusion qui préserve pourtant notre individualité. Nous grandissons ensemble avec le regard du frère qui réchauffe, qui connaît tout de soi. Aux yeux du monde, on reste « les jumeaux », pas simplement Damien ou Nicolas. Regards ébahis, curieux ou fascinés. Finalement, c'est dans l'intimité qu'on se démarque mieux. Nous savons prendre de la distance pour ne pas s'étouffer. Peu importe la part de nos différences ou de nos affinités, tout vient intensifier l'équilibre entre nous, la liberté au bout. Pas de jalousie, mais le sentiment d'être compris et approuvé, complémentaire. C'est se sentir d'aplomb, accepté en entier. Et jamais tout à fait seul quand on désespère. Entre nous, il n'y a pas de dominant-dominé, juste une coopération parfaite. Damien est plus concerné par les médecines douces. Moi, je préfère la psychologie. Je suis plus sportif, lui est contemplatif, patient. J'ai besoin de sortir, bouger, m'affronter au monde et fréquenter des gens, il apprécie la solitude, davantage que moi. On a beaucoup d'idées communes, mais pas forcément la même façon de les vivre. La mucoviscidose a forgé nos élans. Elle nous a poussés très tôt à réfléchir à des sujets de société. À la spiritualité ou à l'au-delà. Mais elle n'a pas changé notre nature profonde.

Bien sûr, il y a le reste. L'empathie qui me fait deviner ses réactions ou ressentir les émotions qui l'habitent. Il y a les pensées semblables, les phrases qu'on finit pour l'autre, les certitudes qui vous transpercent *(il va bien, ou mal, il se passe quelque chose, il a besoin de moi...)*. Est-ce cela l'intuition gémellaire ? Une connaissance si poussée d'un être qu'elle vous donne les clefs pour prévoir et comprendre ? Les jumeaux ne sont pas invariablement complémentaires. Ils ne vivent pas toujours ensemble passé trente-cinq ans. Et tous ne sont pas malades à mourir. La mucoviscidose a forgé ce lien supplémentaire. Nous avons grandi avec la conscience qu'il faudra mourir jeune. Que c'est inévitable. Incurable. Et, même si cela a pris des années, il a fallu envisager la disparition de l'autre. Le paradoxe de notre maladie est bien là : nous nous accompagnons sur le chemin qui mène à une mort annoncée et ce destin commun nous console et nous épouvante tout à la fois. Le seul mystère n'est pas comment viendra la mort, ni quand. Mais plutôt *qui* partira le premier.

Si Damien meurt un jour, une part de moi-même disparaîtra, qu'il faudra bien combler pour ne pas me laisser engloutir. Si Damien meurt un jour, je le pleurerai à chaque anniversaire. Le plus terrible ne sera pas la date de sa mort, mais chaque 10 novembre, sa naissance et la mienne, le rappel de ce que j'ai perdu, mon équilibre, ma complétude. Il n'y aura plus de fêtes d'anniversaire. Ce serait comme célébrer des demi-vœux, une moitié de vie et son ombre posée dessus. Il faudra que je trouve le moyen de soutenir l'édifice, d'empêcher que tout s'effondre. Tenir debout, amputé. C'est cela que j'appréhende en plus du chagrin. Si Damien meurt un jour, j'ai peur du pire à venir. Pas la peur de m'asphyxier, de souffrir ou de désespérer, parce que la mort m'attend, mais de l'avoir perdu, lui, mon frère, mon amour.

Je ne suis pas sûr d'y arriver seul.

Damien

On dit que la trentaine est le plus bel âge de la vie. L'expression n'a pas grand sens pour moi. Le bel âge est celui où je respirerais sans risquer de m'éteindre asphyxié, comme une flamme privée d'air. Chez les malades atteints de mucoviscidose nés dans les années 1980, l'espérance de vie tourne autour de vingt-quatre ans. Voilà une décennie de gagnée ! Avec les progrès de la science, les plus endurants d'entre nous atteindront cinquante, cinquante-cinq ans. Au mieux, il me resterait donc dix à quinze années d'existence. Impossible équation… Comment vivre quand on se sent mourir chaque jour qui passe ? Il y a ce chrono qui tourne dans ma tête. Dans mes veines. Dans mon cœur battant. Dans mes poumons exténués. Je ne l'oublie jamais, même si j'ai appris à m'en accommoder. Combien d'années, de mois, de semaines reste-t-il ? Et Nicolas ? Lequel partira en premier ? Fatalité en miroir qui nous atteint doublement. Je regarde mon frère et ma peine se charge de culpabilité à la pensée de le laisser derrière moi si je meurs en premier. Vu mon état actuel, ce ne serait pas surprenant. Nicolas a toujours été le plus sportif de nous deux : l'extraverti, qui s'affronte au monde avec la ténacité d'un athlète. À moi, il laisse une autre forme de combat. Plus méditative. Et ces réflexions qui me tournent la tête. Comment fait-on pour vivre quand on doit mourir plus jeune que les autres ?

Nicolas est un guerrier. Il s'est accroché des années à la fac sans avoir l'assurance de pouvoir exercer son métier. Il s'est battu pour décrocher sa ceinture noire de karaté. Chaque fois qu'il a eu un rêve, il s'est jeté à corps perdu dans l'aventure. Il se force à être le plus régulier possible dans le sport, ce qui a maintenu sa santé. Le Nicolas intime, celui que je connais par cœur, est aussi un éveilleur qui m'aide à garder la conscience claire et m'évite bien souvent de sombrer dans le désespoir. Sa quête spirituelle, entamée dès l'âge de seize ans, m'impressionne et m'émerveille. Je vois sa richesse intérieure grandir à mesure qu'il avance en âge et en maturité. Il m'a aidé à évoluer, à me remettre en question, à mieux percevoir mes failles. Il est un peu mon guide spirituel, celui qui éclaire ma lanterne. Et je sais qu'en miroir, je le suis aussi pour lui. Je le vois aller dans le monde et se battre. Ni la colère ni l'épuisement ne le découragent jamais. Il avance quand n'importe qui aurait cédé, mille fois. Pas lui. Nicolas est bon vivant, taquin, parfois malicieux. Après toutes ces années de vie commune, il me surprend encore. Et chaque pas qu'il fait, chaque victoire qu'il gagne m'émerveille. Je sais que ma nature réservée, plus secrète, l'impressionne. Beaucoup me considèrent comme le plus sage des deux, c'est une illusion. Entre nous, il s'agit d'autre chose : un équilibre des forces qui nous est vital. La gémellité a exacerbé cet accord. La maladie aussi, puisque nous avons lutté ensemble pour vivre, et la mort est une épée de Damoclès doublement redoutable. Elle fauchera l'un de nous et l'autre restera seul.

Nicolas a été invité à Paris pour participer à l'émission *C'est à vous* d'Alessandra Sublet. Il s'est préparé comme à l'accoutumée, dans un mélange de trac et d'impatience. Nous sommes conscients de la chance – la responsabilité aussi – d'avoir une tribune pour nous exprimer. Puisqu'il n'est pas question que je me déplace à Paris dans mon état, une courte interview leur est donnée par caméra vidéo… Trop courte pour ce qui me tient à cœur. Comme c'est peut-être ma dernière occasion, j'ai tenu à écrire une lettre de deux pages sur le droit de mourir dans la dignité. Pour la rédiger, j'ai puisé dans mes dernières forces et je l'ai remise à Nicolas avant son départ. Je ne sais même plus ce qui me pousse. Mon combat prend une drôle de résonance depuis que je pense à en finir et à me donner le choix d'une délivrance volontaire sans violence. Le jour de l'interview, on nous prévient que lire la totalité à l'antenne est impossible. Délai trop court, timing, publicité, le monde de la télé n'est pas celui des malades. Je ravale ma déception pour ne rien gâcher de ce moment. J'imagine comme mon frère doit être fébrile…

Nicolas apparaît à l'écran. Soudain, je le vois d'un autre œil, celui des centaines de milliers de téléspectateurs derrière leur poste. Ses traits sont émaciés en dépit du maquillage. Il arbore cet air de détermination qu'il a toujours quand il se lance en avant, mon frère guerrier ! Je sais quels efforts il a dû faire. La préparation du discours pour ne rien oublier. Il se met à parler. Très vite, il défend mon désir de partir dignement, alors même, je le sais, que ce choix le déchire. Les doutes qui l'accablent, l'arrachement de la séparation, sa timidité, tout cela est envolé, balayé par sa ferveur à faire entendre ma voix, mon choix. Je pense à tous ceux qui l'écoutent à cette seconde même. Et qui ressentent l'émotion palpable régnant sur le plateau. Nicolas offre une plaidoirie brillante sur le droit à mourir et, au-delà des paroles, c'est notre pacte qu'il réaffirme. Ce lien qui nous soude. Plus fort que tout. Si je devais le représenter, ce lien, je dessinerais un nœud de Möbius, le huit oblique de l'infini dont les boucles s'enlacent et vont, sans jamais achever leur course. L'émission se termine et Nicolas demande à lire ma lettre. Il est déterminé à la lire en entier ! Durant une minute trente, sans bafouiller ni reprendre son souffle, il énonce mes mots. Et parle en mon nom. En voici le message principal :

« Dans les pays où l'euthanasie et le suicide médicalement assisté sont légalisés, un tiers à cinquante pour cent des patients qui en ont fait la demande ne vont pas jusqu'au bout de cette demande, car ils sont rassurés, apaisés de savoir qu'une délivrance douce, sans violence est possible. Le fait de savoir que l'on peut en tant que patient abréger le moment choisi des douleurs devenues insupportables est un poids de stress en moins. Ce poids en moins peut redonner des forces au malade, le conforter dans son envie de se battre jusqu'au dernier souffle, et donc de rallonger son existence et sa qualité de vie [...].

« Quand les opposants à l'euthanasie comprendront-ils que le stress de ne pouvoir maîtriser sa mort déprime l'immunité d'un patient rongé par une infection alors qu'il en a le plus besoin ? Quand comprendront-ils que l'effondrement du système immunitaire causé par une angoisse permanente contribue à faire proliférer les cellules cancéreuses d'un patient atteint d'une tumeur ? [...]

« Le plus important pour moi est d'améliorer le confort psychologique du patient et de stimuler ses capacités d'autoguérison. Légaliser l'euthanasie permettrait de mettre fin aux dérives, d'assurer la liberté de choix de chacun et de protéger la vie. »

CHAPITRE 11

Aujourd'hui

Damien

En février 2014, je pèse à peine trente-sept kilos. Un champignon me grignote les poumons. Le moindre geste m'épuise. Ma respiration est coupée. Parler devient difficile. Pourtant, je le sais : pour reprendre du poids, je n'échapperai pas à la pose d'une sonde naso-gastrique. Huit mois avant, j'ai souffert le martyre. L'infirmière l'a introduite trop vite, trop brutalement, sans anesthésie locale, elle devait être stressée, débordée par toutes les tâches à accomplir, ou mal formée. La douleur, insoutenable, s'est propagée dans le cerveau comme un hématome, puis est descendue le long de la colonne vertébrale. J'ai paniqué à l'idée de faire un accident vasculaire. J'ai appuyé en urgence sur la sonnette, en larmes. Je ne veux pas revivre cette épreuve, mais je n'ai pas le choix.

Je demande une hospitalisation d'urgence à Montpellier. Au docteur Raphaël Chiron, je dis toutes mes craintes. Il me rassure aussitôt : non seulement il anesthésiera la zone des sinus et lubrifiera la sonde, mais il m'apprendra à la poser moi-même. Cet homme est plein d'humanité.

Il me dit : « Tu me fais signe quand tu es prêt, je me libérerai pour venir dans ta chambre. »

Ce médecin me laisse décider du moment. Il intègre mon appréhension, la prend en compte, me rend maître du temps. Je ne suis pas habitué à tant de délicatesse.

Les jours suivants, pourtant, mon état se dégrade, les maux de ventre sont de plus en plus douloureux. Je souffre d'une insuffisance pancréatique sévère qui empêche mon organisme d'assimiler correctement les graisses. À ma demande, la diététicienne prépare un régime spécifique privilégiant les produits sans gluten. Progressivement, les douleurs s'estompent. Je reprends un peu de poids… et beaucoup de confiance. Je suis prêt pour la pose. Raphaël Chiron fait des merveilles. Il prend le temps de me montrer les bons gestes, ne me bruque pas, m'accorde le temps que l'on ne prend pas toujours à l'hôpital. Grâce à cette sonde, je vais reprendre des forces durablement. Je suis transporté de joie. Quelques mois plus tard, j'aurai le déclic et déciderai de me lancer dans ce type d'alimentation hypercalorique par sonde. Ce médecin m'a toujours encouragé: «Tu vas t'en sortir, Damien…», «Ne t'inquiète surtout pas…». Avec moi qui depuis mon enfance n'entends que des choses négatives sur mon état de santé et ma maladie, il a toujours eu les mots et le sourire pour m'aider à me projeter dans le futur. Si seulement on plaçait les patients dans cette dynamique positive ! Les capacités d'autoguérison sont immenses quand on les stimule !

Au début du printemps, je rentre à la maison. Heureux de retrouver mes proches, mes chats et notre petit jardin. Les massifs de vivaces ont bien grandi. Les campanules sont d'un blanc éclatant et me font tomber par terre d'attendrissement. Les tons jaune-orange des pavots de Californie me réchauffent le cœur. Chaque jour, je m'efforce de maintenir ce regain de forme en multipliant les exercices physiques et mentaux. Je visualise mes poumons guéris, j'écoute ma petite voix intérieure, je refais le monde avec Nicolas. En complément de mes traitements, je me prépare des huiles essentielles en massage. Pendant quatre mois, je réussis à me passer d'antibiotiques ! Je me sens pur, vivant, serein.

Jamais je n'ai autant aimé la vie.

Hervé Delmer, père de Damien et Nicolas

Quand je me suis rendu à Amélie, à Noël, le professeur de peinture de Damien m'a affirmé qu'il avait un talent d'artiste. Mon fils est un artiste, un vrai, il aurait pu faire de grandes choses. J'ai un tableau de lui, un visage de femme qui exprime toute la nostalgie du monde, un peu de ce que je ressens face à la mer, cet indéfinissable infini. Comment a-t-il pu le figurer ? Il faut une sensibilité immense pour saisir cela. Nicolas a fini major de sa promotion, il est brillant mais pas seulement. Il a obtenu sa ceinture marron de judo et sa ceinture noire au karaté. Il fallait le voir s'obstiner. Je suis fou de sport moi aussi et j'aime l'idée que je lui ai transmis cette passion, que nous partageons ça. C'est un costaud mon fils, il exprime sa vitalité de cette façon.

Quelquefois, je voudrais épuiser ma colère à les voir souffrir, cogner contre les murs, cogner ma rage et mon impuissance. J'ai vécu trop de silences et ça me hante aujourd'hui. Si j'avais un vœu autre que la guérison, c'est qu'ils souffrent le moins possible, qu'ils trouvent la paix et une forme de reconnaissance. Ils ont tellement enduré de choses, vu et senti ce que peu d'hommes éprouvent. La maladie les a changés, mais elle les a laissés dans une forme d'innocence. Ce sont de belles personnes, mes fils… Quelles que soient les décisions qu'ils prendront, je les ferai miennes. Et je continuerai à croire en eux.

La vie Est. Belle, puissante, radieuse. Un cadeau donné aux hommes qui ignorent trop souvent la merveille d'être en bonne santé.

Peut-être que la grâce qu'on reçoit en étant frappé de maladie ou de handicap se trouve justement dans ce sentiment profond de vivre. Qui, mieux que les faibles et les souffrants, connaît la force incroyable qui sous-tend toute existence ?

Nous sommes reliés à cette énergie prodigieuse du Vivant. Touchés, émus, empoignés par ce qui palpite en nous et autour de nous. La nature, le cœur des êtres et l'amour, parce qu'en définitive c'est lui qui demeure. Rien d'autre. Et la mort n'est qu'un passage.

Damien et Nicolas

Annexes

LA MUCOVISCIDOSE

Malheur à l'enfant chez qui un baiser sur le front a un goût salé. Il est ensorcelé et doit bientôt mourir. Au Moyen Âge, on connaissait le sort funeste du nouveau-né à sa sueur salée. Aujourd'hui encore, c'est par le test de la sueur que l'on dépiste le mal.

La mucoviscidose est une maladie génétique mortelle qui affecte les tissus glandulaires des organes, essentiellement les poumons et l'appareil digestif. La mutation du gène entraîne une altération de la protéine CFTR, chargée de réguler le transport du chlore à travers les membranes cellulaires. Son dysfonctionnement provoque une augmentation de la viscosité du mucus et son accumulation dans les voies respiratoires et digestives et affecte les bronches, les intestins, le pancréas et le foie. Son évolution est chronique et progressive. Il n'existe pas de traitement curatif, mais les progrès de la prise en charge ont permis d'améliorer la qualité et l'espérance de vie. En France, elle est passée de sept ans en 1965 à quarante-sept ans en 2005 et à cinquante ans aujourd'hui.

Deux millions de personnes sont porteuses du gène et peuvent le transmettre à leur enfant. La mucoviscidose touche un nourrisson sur deux à trois mille naissances. Elle est transmise par les gènes, et apparaît lorsque les deux parents sont porteurs de l'anomalie génétique. Les personnes saines susceptibles de transmettre le gène représentent quatre pour cent de la population. Environ deux cents enfants naissent chaque année avec la mucoviscidose, en France.

La maladie n'est pas contagieuse. Elle atteint aussi bien les filles que les garçons, mais frappe avec plus ou moins de virulence. Elle n'affecte pas les capacités intellectuelles, ne crée pas de handicap moteur. Les traitements sont principalement palliatifs et symptomatiques, c'est-à-dire qu'ils dépendent des infections successives : drainage bronchique, médicaments mucolytiques et broncho-dilatateurs, antibiotiques pour l'atteinte respiratoire, extraits pancréatiques, vitamines et suppléments caloriques pour les troubles digestifs et nutritionnels. Des traitements de la cause sont déjà disponibles pour des patients qui ont une mutation minoritaire, améliorant leur qualité de vie de manière significative. Bientôt, ce sera possible pour la mutation delta F508, la plus fréquente chez la population affectée. Ces grandes avancées témoignent du dynamisme actuel de la recherche, qui s'accélère. Une dizaine de laboratoires testent des molécules qui traitent la cause.

Ces recherches, en grande partie financées par les associations de lutte contre la mucoviscidose, soulignent la valeur déterminante des dons collectés grâce à la générosité de la population. La maladie est davantage maîtrisée. Il y a réellement de l'espoir.

Outre une meilleure prise en charge médicale, sociale et psychologique, l'espoir des patients et de leurs familles repose sur les biothérapies innovantes. (Sources : Vaincre la mucoviscidose et l'Inserm.)

Pour s'informer et soutenir :

- Association Vaincre la mucoviscidose : www.vaincrelamuco.org
- Association Grégory Lemarchal : www.association-gregorylemarchal.org
- Fondation Greffe de vie : www.greffedevie.fr
- Association pour le droit de mourir dans la dignité : www.admd.net

CE QUE DIT LA LOI

L'euthanasie, du grec ancien «*eu*» (bon) et «*thanatos*» (mort), désigne une mort douce, qu'elle soit naturelle ou provoquée. Par la suite, le terme désigne l'acte médical consistant à provoquer intentionnellement la mort d'un malade afin de soulager ses souffrances physiques ou morales considérées comme insupportables, soit en agissant à cette fin (euthanasie active), soit en s'abstenant d'agir (euthanasie passive). L'euthanasie se distingue du suicide médicalement assisté qui consiste, pour le corps médical, à donner au patient les moyens de mettre fin à sa vie.

La loi Leonetti relative aux droits des malades et à la fin de vie est adoptée le 22 avril 2005. Le texte exclut l'acharnement thérapeutique tout en condamnant l'euthanasie dite active. L'«obstination déraisonnable» du corps médical et la «prolongation artificielle de la vie» du malade sont proscrites, y compris lorsque ce dernier est hors d'état d'exprimer sa volonté. Le médecin peut abréger sa vie en lui administrant la dose de soins palliatifs qu'il juge nécessaire à son confort, à condition de l'avoir informé, lui, éventuellement une personne de confiance ou un proche. La décision doit être prise collégialement.

Les directives anticipées du patient sont inscrites dans son dossier médical. Elles sont modifiables à tout moment et valides pendant trois ans au terme desquels l'auteur doit seulement confirmer leur validité par écrit sur le même document. Elles n'ont qu'une valeur indicative pour le médecin. Aux Pays-Bas, en Belgique et au Luxembourg, l'euthanasie active a été dépénalisée. Elle se pratique dans des conditions extrêmement précises et encadrées.

Le 12 décembre 2014, les députés Jean Leonetti et Alain Claeys ont rendu public le rapport que François Hollande leur a demandé pour faire évoluer la loi. Les parlementaires excluent toute légalisation de l'euthanasie, mais préconisent deux avancées :

Les directives anticipées du patient doivent être contraignantes et s'imposer au médecin. Si ce dernier ne veut pas les appliquer, il devra justifier son choix. L'idée est de donner davantage de pouvoirs aux malades.

Une « sédation terminale » doit être proposée. Elle consiste à laisser partir le patient en l'endormant profondément sans provoquer directement sa mort. Un droit « de dormir avant de mourir » qui serait réservé aux patients atteints d'une maladie grave et incurable, dont le pronostic vital est engagé à court terme. « Notre idée, dit Jean Leonetti, est de généraliser cette possibilité, mais uniquement pour les patients en fin de vie, et qui le réclament. » Une proposition, poursuit le coauteur du rapport, qui a pour ambition de « répondre à l'attente de nos concitoyens de ne pas souffrir et d'avoir une mort apaisée ».

François Hollande a fait siennes les recommandations du rapport Claeys-Leonetti. Il a affirmé la nécessité de faire « évoluer les pratiques et les attitudes » et annoncé une proposition de loi sur la fin de vie en 2015, qui constituera une « avancée majeure ».

Remerciements

Merci à Patrick, Ylian, Nadine et Marie, Delphine Saubaber et Virginie Jouannet.

Merci à nos éditeurs, Bernard Fixot, Édith Leblond et Renaud Leblond.

Merci à toute l'équipe des éditions XO et, en particulier, à Caroline Sers et Caroline Ripoll.

Merci aux associations Grégory Lemarchal et Vaincre la mucoviscidose pour toute l'aide apportée aux patients et à leurs familles. Merci à l'Association pour le droit de mourir dans la dignité.

Merci à François Hollande pour son écoute et pour avoir accordé quarante minutes de son temps précieux.

Table

Mise en page
Sylvie Denis

CET OUVRAGE
A ÉTÉ ACHEVÉ D'IMPRIMER
SUR ROTO-PAGE
PAR L'IMPRIMERIE FLOCH, À MAYENNE
EN JANVIER 2015

N° d'édition : 2897/02
N° d'impression : 87977
Dépôt légal : janvier 2015

Imprimé en France